人間探求

目　　次

まえがき

第1章　人間の全体像
第1節　アリストテレスからデカルトへ……………… 2
＊コーヒーブレイク1　理性と感情は対立するのか？　20
第2節　生物界における人間の位置づけ……………… 22
＊コーヒーブレイク2　人間の道徳は進化の産物なのか？　41
第3節　人間の身体性と言語……………………………… 43

第2章　心の哲学―思考・身体・人工知能
第1節　機械は考えることができるか？……………… 65
＊コーヒーブレイク1　デカルトのフランシーヌ人形　81
第2節　機械は身体をもてるか？……………………… 83
＊コーヒーブレイク2　『ブレードランナー』の「フォークト＝カンプフ・テスト」　99
第3節　機械は人間を超えられるか？………………… 101

第3章　時間論
第1節　時間の形……………………………………………121

＊コーヒーブレイク1　正月はなぜめでたいか―1年ごとの
　　　　　　　　　　　円環イメージ―　137
第2節　直線的時間イメージをめぐる三つのアポリア
　…………………………………………………………………138
　＊コーヒーブレイク2　ハイデガー『存在と時間』の挫折　154
第3節　ベルクソンによる線的時間イメージの批判
　…………………………………………………………………155

第4章　現代における倫理
第1節　貧困問題から倫理学へ……………………173
　＊コーヒーブレイク1　経験マシーン　189
第2節　正義としての倫理……………………………190
　＊コーヒーブレイク2　肉食は許されるか　206
第3節　責任としての倫理……………………………207

執筆者一覧

まえがき

> ・・・人間の本性はいかなるものか、なんのためにわれわれは生まれたのか、どこから来て、どこへいくのか、ということを知らず、なおざりにしておいて、野獣や鳥や魚や蛇の性質を知ったとしても、それがいったいなんの役にたつでしょうか。[1]

ルネッサンス・人文主義の先駆者、イタリアの詩人フランチェスコ・ペトラルカ（1304-1374）の嘆きである。万学の祖アリストテレス（B.C. 610頃-540頃）を信奉する知人4人から自らの無知を非難された彼は、それに対して反論する書をしたためたのであった。他の動物たちや自然についてよく知っていても、人間自身の本性や運命について知らないのであれば、そうした知識はむなしいものではないのか。そう問う彼は、みずから多くの学問的知識をもちつつも、むしろキリスト教の信仰を無上のものと考えていたのである。

彼が生きた14世紀と現代では、多くの転換点を経て知的状況は劇的に変わっている。たとえば、アリストテレスの権威に真っ向から立ち向かい、近代自然科学のパイオニアとなったガリレオ・ガリレイ（1564-1642）が、自由落下する物体の運動を数学的に定式化することに成功したことによって、自然界の研究方法はそれ以後大きく変化することになった。

しかし、変化したのは自然界の探求方法だけではなく、人間自身に関する見方もそうであった。ガリレオ生誕を少し遡る1543年に出版されたニコラウス・コペルニクス（1473-1543）の『天球の回転について』は、地球が太陽の回りを回る一惑星にすぎないとする

太陽中心説（地動説）を打ち出し、それまでの地球中心説（天動説）で宇宙の中心であった地球および人間の位置付けを大きく変えてしまった。さらに同年のアンドレアス・ヴェサリウス（1514-1564）による『人体の構造について』の出版も画期的であった。古代医学の権威ある書物を読むだけで、実際の解剖は助手にやらせていた当時の医学部講義の慣習を破り、自ら解剖して数々の新しい知見をもたらした彼の書は、人体の研究の新たな幕開けを告げるものであった。

19世紀ドイツでヴィルヘルム・ヴント（1832-1920）が実験心理学の研究室を創設したときにも、人間探求のまた新たな一頁が開かれた。実験的な研究手法が人体だけでなく、心の領域へも持ち込まれたのである。さらに今日の脳科学の進展は、脳の科学的研究から心の解明を試み、以前は困難と思われた人間の「意識」の在りかについても迫ろうとしている。

このように人間自身の体と心に関する自然科学的研究が進展する現代においては、先のペトラルカの嘆きはもはや無用のものとなり、私たちは私たち自身について十分な知を獲得したのだろうか。ところが、とてもそのようには思えないのである。

人の身体についても心についても未解明の事柄は多い。読者の多くは、そうした事柄についても、いずれ科学が解明してくれるだろうという漠然とした期待を抱いているかもしれない。確かにそう期待することは可能だが、この期待自体は科学ではなく、裏切られる場合もある一種の信念にとどまる。またさらに進んであらゆる事柄は科学によってしか解明できないと断じるとすれば、それはむしろ信仰に近いものとなろう。

それではどこまでが科学的手法によって解明でき、残される問いは何であるのか。その残された問いにはどのようなアプローチが可能なのか。現代を生きる私たちは、科学の証言に真摯に耳を傾けながらも、それとは異なる探求態度にも心を閉ざすことなく、私たち自身の本性を見つめる必要があろう。

　例えば、科学研究の専門細分化が進む今日、一つの研究領域だけではなく、複数の研究領域からの総合的視野による事象解明の重要性が、科学研究内部においても唱えられている。時として合理的思考を逸脱するような、複雑に絡み合った人間の真実に迫ろうとすれば、そうした総合的視野はいっそう必要となってくるであろうし、そのような視野は、自然科学の成果だけでなく人文・社会諸科学の成果をも広く見渡す態度によってのみ得られるであろう。

　また、ペトラルカの嘆きにあったような、私たちが〈どこから来て、どこへ行くのか〉といった問いへの答えは、果たして科学的研究の手法で得られるのかどうかという根本的な疑念もある。そして、そのように科学的研究手法にそもそも馴染まないにもかかわらず、私たち自身の生にとっては非常に重要な意味を持つ問題領域は、確かに存在しているように思われるのである。

　『人間探求―現代人のための4章―』と題した本書は、おおむねそのような立場から4つの話題を選んで構成されている。第1章「人間の全体像」は、経験諸科学の成果を総合しつつ人間の全体像に迫ろうとする哲学的人間学を扱っており、また第2章以降への道案内ともなっている。第2章「心の哲学―思考・身体・人工知能―」は、人間と機械の比較を通じて「人間は何でないか」という角度から私たちの心身の本性に迫ろうとする試みである。第3章「時

間論」は、物体の運動から人生の意味にまで及ぶ時間という主題について、特に現代人の抱く時間イメージの問題点を考察する。第4章「現代における倫理」は、複雑化した現代社会における世界規模の貧困という倫理問題を切り口にして、倫理的思考の本性に迫る。読者には、これら4つの章を機縁として、さらなる人間探求へと進んでいただければと思う。

　最後になったが、本書の出版に際しては金港堂の菅原真一さんにたいへんお世話になった。心よりお礼を申し上げたい。

編者

＊本書の利用方法について

　本書は、大学での哲学・倫理学系の初学者向け講義テキストとして企画されたものである。4つの章はそれぞれ3つの節から成っており、各節を1回の講義で扱って計12回分とし、これにイントロダクションや総括、映像教材を使用する回などを含めて1セメスター（15回分）とすることを想定している。また、4章構成にしたのは、近年導入され始めたクオーター制（年4学期制）でも使用できるようにと考えてのことである。1クオーターが7〜8回の講義からなるとすれば、教員は本書から2つの章を選んで6回の講義とし、これにイントロダションや総括を加えて1クオーターとすることができるし、また1つの章のテーマを1クオーターや1セメスターに拡大したり、逆に4章の内容を短縮したりして使用することもできるだろう。そのあたりは、各節にはさまれたコラム〈コーヒーブレイク〉や各節末に置かれた〈問題〉も含めて教員が自由に使用して頂ければと思う。

もちろん、学生諸君だけではなく、多くの一般読者の方々にも本書を手に取っていただければこの上ない幸いである。

---

[1] ペトラルカ著、近藤恒一訳『無知について』岩波書店、2010年、34頁。

第 1 章　人間の全体像

　哲学のなかでも、とくに「人間とは何か」を問う分野を「哲学的人間学」と呼ぶ。哲学は、そもそも紀元前5世紀のソクラテス以来、人間についての問いを発し続けてきたと言える。しかし、現代的な意味での哲学的人間学が創始されたのは、ドイツの哲学者マックス・シェーラー（1874-1928）の『宇宙における人間の地位』（1928年）の刊行によると一般的には言われている。現代の哲学的人間学は、思想の歴史のなかに現れたさまざまな人間観を基盤にしつつ、最近の経験的な人間諸科学の成果を綜合することによって、人間の全体像を描き出そうとしている。シェーラーによれば、人間の「全体」を考えることこそ、諸学問が高度に専門分化した現代における哲学の主要な課題のひとつである。この章では、「人間とは何か」という問いがどのように発せられてきたのか、古代から現代までの何人かの哲学者の人間観を振り返るとともに、経験的な人間科学の成果としては言語学を選び、それらを綜合的に理解する試みをしてみたい。それとともに、本章のあとに続く哲学の各論と人間学的な議論との関連を示唆することによって、いささかなりとも本書全体への導入の役割を果たせるよう努めてみたい。

第1節　アリストテレスからデカルトへ

理性的存在としての人間　「人間とは何か」と問ううえでは、単に人間のみを考察するのではなく、人間を他の生物と比較してみることが有効であろう。今日の進化生物学の成果によれば、ヒトに系統的にもっとも近い種とされるチンパンジーとヒトの間のDNAの塩基配列の違いはわずか1.2%程度でしかないと言われている（これについては論争中）。また、ヒトとチンパンジーは共通の祖先をもっており、およそ700万年前に系統的に分かれてそれぞれ別の進化の道を辿ったと考えられている。このように、DNAという物質的レベルで見れば、明らかに人間と他の動物とは連続している。しかし、物質的レベルにすべてを還元するのではなく、認知や行動や社会形態などといった現象的な面に注目するならば、人間ともっとも近縁の霊長類との間にすら大きな差異が存在していることも事実である。私たちの人間観は、このような人間の示す現象的な特殊性をどのように考えるか、ということによって規定されることとなろう。

さて、話を哲学に戻そう。他の生物と比較した人間の特性を「理性をもった存在」と捉えることが、西洋哲学の長い伝統であった。人間を「理性的存在」とする哲学の伝統は、古代ギリシアに始まり、近代のデカルトを経由して、長く西洋哲学の底流をなしてきた。これを「合理主義的」な人間観という。

それでは、「理性」とは何か。哲学者によってその定義はさまざまなのであるが、ここでは「秩序立てて思考、推論、判断する能

力」くらいの一般的意味で理解しておきたい。もちろん、人間も動物である以上、理性的能力だけで生きているわけではない。人間のうちには感覚・感情・欲求といった能力も存するのであるが、それらは人間が他の動物と共有しているものであり、したがって、人間の「本質」を規定するものとは考えられてこなかったのである。

さて、哲学者たちの人間観を検討するにあたっては、それが彼らの世界観（自然観）と一体のものであったことによく注意しなければならない。人間も世界の一部なのであるから、「人間とは何か」という問いは、「世界とはどのようなものなのか」という問いと不可分なのである。そこで、この節では、古代ギリシアのアリストテレス（B.C. 384-322）と近代哲学の父ルネ・デカルト（1596-1650）とをとりあげて、両者の世界観および人間観を対比させながら見ていきたい。

(1) アリストテレスの世界観

目的論的世界観から機械論的世界観へ まずは世界観のほうから見ていこう。やや教科書的なまとめではあるが、西洋思想における古代・中世から近代への移行は、「目的論的世界観」から「機械論的世界観」へ、という言い方で表現されるのが一般的である。「目的論的世界観」とは、この世界の生成変化は、ある共通の目的のもとに生じているとする世界観のことである。一方の「機械論的世界観」とは、この世界の生成変化は、機械のはたらきのようなものであるとする世界観である。

すぐに想像がつくと思うが、目的論的世界観の代表的なものは、

ユダヤ−キリスト教のような創造神を抱く宗教的な世界観であり、そこでは、世界の目的論的秩序とはつまり、世界を創った神の意図の反映である。しかし、必ずしも神の存在を持ち出さなくても、たとえば、地球上のそれぞれの生物がお互いに相互依存の関係を保ちながら存在し続けるさまを見れば、そこに何らかの目的性を想定することも可能であろう。

　一方の機械論的世界観は、16〜17世紀の近代自然科学の登場とともに受け入れられてきた世界観である。この世界観によれば、世界全体を貫く目的など存在せず、存在しているのは物体相互の間にある「原因−結果」という因果関係の連鎖であるにすぎない。機械論的世界観が勃興してきた頃の西洋世界では、世界（自然）は時計に喩えられていた（図1）。時計全体としての機能を見ると、そこにはひとつの目的がありそうに思われるが、そこに実際にあるのは、隣接する歯車相互の間にはたらいている因果関係にすぎない。それと同様に、人間がどんなに世界全体に目的性を見てとろうとも、それは人間の心のあり方の外界への投影に過ぎず、現実には物体相互間の物理的因果関係があるに過ぎないのである。

図1．ストラスブール大聖堂の天文時計（外装は16世紀のもの）

　さて、西洋思想史を語るうえ

で、一般的には、自然科学がキリスト教的世界観を駆逐したことによって、人間の考え方は目的論から機械論へ移行した、あるいは機械論が目的論に勝利したとされている。私たちは、このような単純な見方を一旦棚上げして、これらふたつの世界観を代表するアリストテレスとデカルト自身の思想を見直してみたい。そうすると、これらふたりの哲学者たちの思想は、紋切り型の整理を越えたニュアンスに富んでいることがわかるであろう。そして、彼らの人間観は彼らの世界観の一部として構想されており、現代の哲学において人間をめぐって問われ続けている複雑な諸問題の源泉となっていることもわかるはずである。

アリストテレスにとっての「自然」　まずは、『自然学』という著作を中心としたアリストテレスの世界観・自然観について見ていこう（ちなみに、アリストテレスの著作の多くは、彼自身による講義録として書かれたものである）。

アリストテレスにとっての「自然（physis：ピュシス）」とは、「事物のうちに存していて、事物が運動することの、または静止することの或る種の原理であり原因である」（『自然学』第2巻第1章、山本光雄 訳）と規定されている。注意すべきことは、この場合の「運動」は単に場所的な移動のことを意味しているだけではなく、「AがBになる」、「Aが消滅してBが生ずる」といった「変化」も含まれているということである。したがって、「自然」とは簡単にいうと、事物に備わっている「生成変化の内的な原理」のことである。自然的諸事物は、自らのうちに動（運動）と静止の原理としての自然をはらんでいることになる。

このことは生物については分かりやすい。生物は、それ自身が成長の原理を備えているし、自ら欲求して運動する。たとえば、卵がかえってヒヨコが生まれ、成長してニワトリになるといったように、生物の内には変化の原理がすでに備わっている。さらに、ヒヨコやニワトリは、自ら欲求をもち、場所の移動をおこなう。

　それでは、無生物についてはどうであろうか。アリストテレスによれば、土が下に落ち、火が上方に上るのは、土や火自体にそのような性質・傾向性が備わっているからである。このことをアリストテレスは、土にとっては下（地面）が、火にとっては上が、それぞれ土と火の「自然的場所」である、という言い方で表現している。

　また、アリストテレスは、たとえば材木にはイスや家になりうる性質が、すでにその本質（これを「形相」という）として備わっているともしている。ただし、無生物においては、それ自体だけでは変化することができないので、変化するためには外部からの働きかけ（作用）が必要である。材木の場合であれば、職人の作業がそれである。しかし、いずれにせよ、その変化の可能性は事物（この場合は材木）そのものに内在しているのである。

　もちろん、アリストテレスは、無生物が何かを意識しているとか欲求しているとかいうことを言わんとしていたわけではない。しかし、彼は変化や運動の原理が事物そのものに内在していると考えることによって、それぞれの事物を、ある目的の相のもとに見ていたということが言える。つまり、自然的事物はそれが本来あるべき場所へ移動して静止したり、本来そうなるべきものへと変化したりするような目的性をもったものとして見られているのである。

デカルトやアイザック・ニュートン（1642-1727）の機械論的世界観（自然観）が否定したものは、まさにこのような事物そのものが変化の原理をはらんでいるというアリストテレスの考え方であった。近代物理学においては、物体そのものの内には運動の原理は含まれておらず、たとえば土が下に落ちるのは、質量をもつすべての物体に重力という統一的な力がはたらいているからにほかならない。物体そのものの質的な差異は、運動の統一的な数学的法則性の探求においては捨象されなければならないのである。

　近代自然科学の成立以後に生きる私たち現代人の目には、アリストテレスの世界観は人間中心主義的なものに映るかもしれない。アリストテレスの記述する世界は、人間の視点から見られた事象に満ちている。それぞれの事物がどういう目的をもっているかは、（アリストテレス自身はそれが客観的なものであると考えているが）やはり人間の視点というものを前提としている。近代物理学は、このような人間の視点から脱却した、世界を俯瞰するような「どこでもないところからの眺め」（現代の哲学者トマス・ネーゲルの言葉）を獲得することを目指した。そして、それを哲学のがわからバックアップしたのが、つぎに私たちが見ていくデカルトの機械論的世界観なのである。

(2) デカルトの世界観と人間観

　方法的懐疑　デカルトが活躍した17世紀は、自然科学が勃興してきた時期と重なる。近代の哲学者たちの重要な課題のひとつは、自然科学的な知が真に普遍的なものであるためにはどのような条件

を満たさなければならないかを考えるということであった。言いかえるならば、自然科学的な知の基礎づけという課題である。以下では、『方法序説』（1637年）や『省察』（1641年）といった著作を中心に、デカルトの世界観と人間観を整理してみたい。

古代以来、哲学の伝統には、究極的には人間は真なる知識を持ち得ないのではないかという議論が、さまざまなかたちで展開されていた。このように、人間の知はすべて疑わしいとして、積極的な主張や断定を避け、あらゆる事柄に関して判断を保留する考え方を「懐疑主義」と呼ぶ。デカルトは、このような懐疑主義者の主張に抗して、疑わしいものと疑いえないものとを峻別し、科学的知が確実な基礎の上に築かれうることを立証するということを自らの課題とした。その際、デカルトは、独断的に懐疑を回避するのではなく、むしろ懐疑を徹底することによって懐疑主義を克服するという逆説的な戦略をとった。このようなデカルトの試みは、真理を獲得するための方法という意味で、「方法的懐疑」と呼ばれる。

デカルトの徹底した懐疑の対象は、おおむねつぎのようなものであった（『方法序説』第4部、『省察』第1省察）。① 古代から伝わっていて、当時も正しいものと信じられていた哲学学説は、すべて間違っているかもしれない。② 私たちの感覚的経験は、ときには錯覚でもありうる以上、すべて信頼できない。③ 数学的証明は確実であるかのように思われるが、それもときには誤っていることがありうるのだから、信頼してはいけない。④ この世界についての経験は、そもそもすべて夢かもしれない。⑤ 邪神が私を欺いていて、私にこの世界が存在するように知覚させたり、本当は2+3

=5ではないのに、私にそのように思わせたりしているだけかもしれない。

ここまで疑いつくしたら、もはや何一つ確実なものはないかのように思われる。しかし、デカルトはそれでもまだ疑えずに残るものがあると言う。それは、そのように疑わしいと「考えている私」は絶対に存在するということであった。ここからよく知られた命題「私は考える、ゆえに私は存在する（コギト・エルゴ・スム）」が帰結するのである。

これに対して、現代の私たちにはつぎのような批判が思い浮かぶかもしれない。私がいま考えていることを自覚していたとしても、もしかしたら、外側の観察者から見たら「私」は存在しないということもありうるのではないか。たとえば、じつは私は高性能のコンピュータに過ぎないのであって、プログラムが実行されていることによって、私が外界を経験しているように思わされているに過ぎないのかもしれない。

しかし、デカルトであれば、それには何の問題もないと答えるであろう。私がコンピュータであったり、私の身体が実は存在しなかったりすることは、「考える私」の成立要件にはまったく影響しない。私が自分を振り返ってみて、考えているという作用がリアルに実感されれば、それはもう「私」が存在していることになるのであり、むしろ、それ以外には私が確実に知ることのできることは何も存在しない。逆に、だれか他人が外から私の身体の存在を確認していたとしても、私が思考のなかで自分を振り返ることができなければ（たとえば意識を失っているときのように）、「私」は存在する

ともしないとも言えない。

　かくして、デカルトにとっての「私」が存在するためには、私の身体が存在しなくても、それどころか「世界」そのものが存在しなくても、問題がないということになるのである。私の成立には、身体の存在も世界の存在も影響を及ぼさない……にわかには信じがたい結論であるが、デカルトによれば、論理的に考えればこのようにしか考えようがないのである。

　心身二元論　こういった議論を経て、デカルトは、人間の「精神」と世界内の「物体」とはまったく本質を異にするふたつの実体であると考える（「実体」とは、他のものに依存することなく、それだけで存在するもののことである）。私が自分を振り返って「私」と呼んでいるものは精神のはたらきであるが、精神の本質は「思考（考えること）」である。一方で、私が世界のなかに見いだす物体の本質は「延長（広がりをもつこと）」である。精神は思考するが延長をもたないし、物体は延長をもつが思考しない。このように、精神と物体を峻別する考え方を「物心二元論」と呼ぶ。さらにデカルトによれば、私たちの身体は延長をもってこの空間内に存在しているので、精神ではなく物体のほうに属している。ここから、精神と身体も別々の実体であるという帰結が出てくるが、このような考え方を「心身二元論」と呼ぶ。

　このように、デカルトにおいては私たちの精神と物体、精神と身体とは鋭く峻別されることになったが、このことはより大きな思想史的な流れで捉え返されるならば、つぎのような意味をもつ。

　アリストテレスにおいては、世界は人間的な視点から見られてお

り、そのことによって本来は人間や生物について語られるべき「目的」の観念が、無生物も含む自然的世界へと投影されているという感は否めない。アリストテレスの思想のなかに、本来は意志をもたない物体のなかにも運動と変化への傾向性を見てとるという一種のアニミズムに近い考え方が存在することを指摘することもできよう。デカルトは、そのような精神と物体の混淆を排し、物体世界を外側から客観的に機械として眺める観点を確保したと言える。

　デカルトにおいては、精神はもはや世界（自然）の一部なのではなく、世界から切り離され、距離をおいて（世界から超越したところから）世界を俯瞰する能動的な主観（主体）となった。一方で世界のほうは、死せる物体の集まり、すなわち主観の認識作用や支配を受動的に受け被るだけの客観（客体）であるとされた。世界からは、アリストテレスの目的論的世界観においては存していた「意味」や「価値」がはぎ取られ、徹底的に機械的なものとして捉えられることとなった。言いかえるならば、世界は徹底的に数学的に解明されるべき対象（数学的自然科学の対象）となり、一方の「私」は、自然科学的探求の「アルキメデスの点」（もっとも確実な基盤・支点）として残されるのである（そして、方法的懐疑にもかかわらず、精神による外的世界についての経験は幻想ではないのであり、それは誠実な神が保証してくれているからだということをデカルトは証明しようとしているのだが、そのことについてはここでは取りあげない）。

　このことは、さらに言い方をかえるならば、世界が自然科学によって徹底的に機械論的な因果関係のもとに解明されていくことに

なっても、伝統的に哲学的・宗教的領域とされてきた精神の自由は、自然科学的探求の対象外のものとして保護されるということを意味する。このような観点が打ち出されることによって、私たちは安んじて自然科学的探究に従事することができるのである。

(3) デカルトの遺産

デカルトが現代哲学に残した課題　さて、デカルトの心身二元論に反して、私たちは日常生活において、心と体がお互いに影響を及ぼしあっている経験を頻繁にもっている。たとえば、悲しければ涙が出るであろうし、緊張すれば心臓の鼓動が激しくなるであろう。また、今日では、心身医学の発展によって、心と体の結びつきについてさまざまな知見が蓄積している（ストレス学説など）。ということは、デカルトは心身二元論を唱えたとき、単純な間違いを犯していたのだと結論づけたくなる。しかし、もう少しよく考えてみよう。

実は、デカルト自身は日常における心身合一の事実が存在することを認めている。そして、ふたつの実体である精神と物体が相互作用する場所として、脳内の「松果腺」なるものの存在を想定している（図2）。しかし、これは問題を解決したというよりは、先送りしただけであった。この松果腺も物体である以上、相変わらず精神

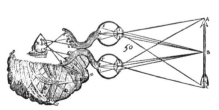

図2.　眼球と視神経と松果腺（デカルト『人間論』より）

と物体がどう結びついているのかということは、解明されないままなのである。

　今日では、脳神経科学の発展により、私たちが或る心的状態にあるときに、どのような脳状態が存在しているのか、ということが次第に解明されてきている。たとえば、私が何か物を見ているときには、視覚野のかれこれの細胞が活性化している、かれこれのニューロンが発火しているということが、調べられるようになってきている。しかし、それらの脳内現象は、デカルトのいうところの「物体」の変化であるにすぎない。そのどこを探しても、いま私が抱いている意識（たとえばこのトマトの生々しい赤の経験）は表現されていない。この私の生々しい経験そのものを、現代の「心の哲学」では「クオリア」と呼ぶ。このクオリアの経験は、物体からなる世界（物理的世界）のどこに位置づけたらよいのであろうか。デカルトのいうように、物体は延長をもつことが本質であるとして、そのどこに非延長的な心が存在するというのであろうか。

　このような問題は、現代の心の哲学においては「心脳問題」と呼ばれており、まさにデカルトが提示し、自らは完全に解決することのできなかった心身問題の現代的ヴァージョンである。さらにこれは、物理的素材（シリコンのチップなど）からできているコンピュータが、はたして人間のような意識をもてるのか、という人工知能をめぐる問題と一体であることもわかるであろう（心の哲学については、本書の第2章で詳しく論じられる）。

　このように、自然科学の勃興とともに始まった機械論的世界観への移行は、その世界に生きる人間の位置づけについての深刻な反省

を引き起こした。デカルトは、身体は機械であると述べ、精神をもたず身体だけの存在である動物は一種の機械であると見なした（これを「動物機械論」という）。一方で彼は、人間は身体と同時に精神をもっているがゆえに機械ではないとし、精神をもたない他の動物とは区別された特別な地位を人間にあたえた。精神は、原因－結果の因果関係の及ばないところで、それを俯瞰するアルキメデスの点に成り上がった。デカルトにおいて、こうして精神の独立性は守られたのであるが、そのかわり精神と世界とのつながりは失われた。

このようなデカルトの二元論をそのままのかたちで認めることができないとすれば、他にどのような考え方がありうるのであろうか。現代的批判のひとつの可能性は、心も物体世界の秩序に完全に取り込まれているとするものである。これにはいくつかのヴァージョンが存在するが、もっとも過激な主張は、私たちの心的経験はすべて幻想であって、現実に生じていることは脳内の物体の変化のみである、というものである。そこから、心的経験を記述する私たちの言葉は、最終的にはすべて物理学の用語に置きかえられるべきであるという考え方が帰結するが、これを「物理学還元主義」と呼ぶ。しかし、もしこの考え方が正しいとした場合、私たちが社会生活を営むうえで不可欠の前提としている「自由意志」や「責任」の観念はどうなるのであろうか。もし私たちの心が単なる脳内の物理現象に還元されうるのであれば、私たちの思考や行為などのすべては物理法則にしたがって因果的に生じているだけだということになる。もし私の自由意志が幻想なのであれば、私がやった行為につい

ての責任を私に帰することはできないということになるのではないだろうか。

以上のように、デカルトの世界観と人間観は、現代の私たちに困難な課題を突きつけ続けているのである。

理性中心主義的な人間観に対する反発　さて、デカルトにとっては、精神のはたらきは理性に限定されることとなったわけだが、私たちの心のはたらきとしては、理性のみならず、感情、情動、欲求などといったものも存在するように思われる。一見したところ、これらも空間内に延長をもって存在しているものではないので、精神のはたらきに属するものと思われるが、デカルトはこれらを真正の精神のはたらきであるとは見なさない。

すでに述べたように、デカルトは精神の本質を「思考」であると考えた。デカルトによれば、私の心の作用は、それが思考の対象となっている、つまり意識（反省）されている限りにおいて、はじめて明晰にその存在を知られる。逆に、単に感覚している、感情をもっている、欲求している等々というだけでは、その作用は不分明なものにとどまり、真の意味で存在しているとは言えない。つまり、「感じていると考える」、「欲求していると考える」というように、反省的思考の対象となり、明晰に表象されたときにはじめて、私の心的な作用は真の意味で存在すると言えるのである。

デカルトは、感情や欲求といったものは、精神が身体からの影響を被った受動的な状態であると考えた。たとえば、怒りで「はらわたが煮えくりかえる」という表現に表れているように、現代の私たちも感情的なものを身体に結びつける傾向がある。デカルトによれ

ば、感情や欲求は、私たちの理性のはたらきを妨げる。そこで、私たちは、感情や欲求を理性的意志のコントロールのもとにおくことができるのでなければならない（『情念論』1649年、第1部）。精神的主体は、物体の集合である自然界から身を解き放ち、それを離れたところから認識することによって、それを支配するすべを身につけるべきである。それと同様に、精神は自らの意志のはたらきによって身体の拘束から身を解き放ち、それを外側から支配しなければならないのである。

このような、理性と他の心的能力とを対立したものとするデカルトの合理主義的な人間観は、長く西洋哲学の主流にとどまり続けたのであるが、同時に反発も生み出してきた。すでに、デカルトの同時代人であるブレーズ・パスカル（1623-1662）が、死後に出版された『パンセ』（1670年）において、人間を「考える葦」であると呼んだことはよく知られている。この言葉によってパスカルは、人間という存在が、思考することによって宇宙全体をも包摂するような力をもち、それゆえ栄光・尊厳をあたえられているが、一方で身体をもった存在としては、自然界のわずかの変化によっても破壊されてしまうような、惨めで脆弱な存在であるということを表現している。パスカルは、デカルトを批判して、人間の栄光と悲惨との両面を直視するように訴えているのである。

さらに、18世紀啓蒙主義期の哲学者であるジャン＝ジャック・ルソー（1712-1778）は、『人間不平等起源論』（1755年）において、人間のもつ自然的感情である他人への共感（同情）、すなわち「憐れみ」のもつ重要な道徳的意味について考察している。ルソーによ

れば、人間は、(動物が同じ種の他の個体について感ずるのと同様に、)他人の苦しみを見ることに対する嫌悪というものを、自然に心の奥底にもっている。したがって、自然状態においては、人間は他人が苦しんだり死んだりすることを、黙って静視していることはできず、彼らを助けるように感情的に動かされる。しかし、一方で人間は、自分の生存を維持するはたらきをする「自己愛」をもってもいる。まずは自分が生き延びることが、生物としての人間がしなければならないことである。ルソーによれば、自然状態においては、この「自己愛」と「憐れみ」とは微妙なバランスを保っている。つまり、「憐れみ」という感情は、行きすぎた「自己愛」を抑える役割を担っているのである。

　ところが、人間が理性を身につけ、文明を作りあげることによって、事態は一変する。文明の成立とともに、人間の間には、さまざまな対立、たとえば財産の私有や有利な社会的地位をめぐっての競争などがはびこるようになった。そのことによって、「人間は人間に対して狼」(トマス・ホッブズ)という状態が生じた。さらに、子どもに対する教育も理性の鍛練に偏重したものとなり、このような社会状況にますます拍車をかけることになっている。そこで、ルソーが提唱するのは、「自然に帰る」ことである。たとえば、子どもの教育においては、自然な感情(自己愛と憐れみ)の展開を邪魔しないような放任主義的な教育が称揚されることとなる(『エミール』1762年)。以上のように、ルソーの人間観においては、理性よりもむしろ感情のほうが重要視されている。

　さらに、19世紀の後半に活躍したフリードリヒ・ニーチェ

(1844-1900) は、人間の本質を理性とはせず、むしろ人間が他の動物と共有している生命的衝動のほうを重視する哲学的立場をとった(『力への意志』1901年)。ニーチェは、当時の思想界に大きな衝撃をもたらしつつあったショーペンハウアーの「意志」の哲学とダーウィンの進化学説に影響を受けながら、人間の生命的衝動の存在を強調する。(ニーチェが理解した限りでの) ダーウィンの進化論によれば、この自然界は生存競争の場であり、それぞれの生物は他の生物を押しのけて自らの生存と生殖を果たそうとする。したがって、生物界を貫いているのは、生存への意志、言い換えるならば「力への意志」である。

このような考え方を一般化して人間に当てはめたニーチェは、人間の理性は種としての人間の生存の用のために進化してきた属性であると考え、理性というものを徹底的にプラグマティック(実用主義的)な観点から理解しようとする。ニーチェによれば、伝統的な形而上学のなかで人間の本質とされ、尊厳の証しとされてきた理性や知性は、何ら高貴なものなのではなく、「力への意志」の奴隷であるにすぎないのである。

しかし、私たちの理性の活動の産物が、すべて生存の用のために生み出されているというのは、本当であろうか。たしかに、人間の生活を物質的に豊かにすることを目的に発展してきた科学技術については、そのような見方も可能であるかもしれない。しかし、人間の精神活動の多様さを鑑みるならば、すべてを「力への意志」に還元する考え方には無理があるように思われる。そうすると、問題となるのは、人間を一面的に理性に還元するのでもなく、一面的に衝

動に還元するのでもないような、人間の生きる現実の全体像を捉えるような人間観を彫琢することなのではないだろうか。つまり、人間の理性とそれ以外の心的能力との関係をどのように考えるべきかということが問題となるのである。

　次節では、このような課題について、古今の哲学者たちがどのように考えてきたか、振り返ってみたい。

　問題①　現代に生きる私たちは近代以降の機械論的世界観を身につけていると思われるが、目的論的思考をする場面はないであろうか。どういう場面において目的論的な見方をしているか、考えてみよう。
　問題②　「私は考える、ゆえに私は存在する」という命題は正しいだろうか。正しくないとすれば、どのような命題であれば正しいのだろうか。考えてみよう。
　問題③　デカルトの心身二元論について、どのように考えるか。また、もし心身二元論が正しくないとした場合に、その対案としてはどのようなものが考えられるであろうか。「物理学還元主義」であろうか。

コーヒーブレイク1

理性と感情は対立するのか？

　デカルトは、感情は理性の妨げになるとして、理性と感情を徹底的に対立するものとして捉えていた。しかし、現在の神経科学者アントニオ・R・ダマシオによれば、むしろ感情が合理的な意志決定を支えている側面があるという。ダマシオは、1848年アメリカ北東部で工事現場の爆発事故にあったフィネアス・ゲージという男の事例を紹介している。ゲージは、爆薬をつめるための金属棒が頭部を貫通するという事故のため大脳の前頭前皮質に障害を負ったが、奇跡的に一命をとりとめた（図3）。しかし、それまでそのリーダーシップと仕事への情熱、有能さによって現場監督を任されていた25歳の男の人生は、その事故を境に一転する。事故前には、彼は皆に親切で穏健かつエネルギッシュな性格であったが、その事故以降、彼は気まぐれで無礼な性格になってしまい、他人に下品な言葉を投げつけるなどの行動を平気でするようになった。しかし、彼の能力は、知性の面や注意・知覚・記憶・言語の面においては、完全なまま残されていたのである。彼においておかされたものは、社会的慣習や倫理的ルールを守ろうとする力、すなわち社会的次元において合理的な推論を下

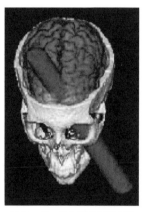

図3．ゲージの脳の再現画像
（アメリカNINDSによるCGI）

すうえで必要な人間的感情の力であった。ダマシオによれば、私たちが、状況のすべての要素を考慮に入れて知的な計算をおこなうまでもなく、社会的・対人的場面においてふさわしい行動をとることができるのは、感情のおかげである。このように、理性と感情との関係は、デカルトが考えたような単純な対立関係ではないということが、現代の脳神経科学によって明らかにされつつある（アントニオ・R・ダマシオ『デカルトの誤り─情動、理性、人間の脳』（田中三彦訳）、ちくま学芸文庫、2010年を参照）。

第2節　生物界における人間の位置づけ

　本節では、世界のなかにおける人間の位置づけについて、デカルトとは別の方向に考えを進めた哲学者たちについて見ていきたい。まずは、近代自然科学が成立する以前のアリストテレスの人間観について改めて振り返り、つぎに、現代の哲学者マックス・シェーラー（1874-1928）の人間観について考察していくこととする。

(1)　アリストテレスの人間観

　魂の３つの能力　第１節で述べたように、古代・中世をとおして優勢であったアリストテレスの目的論的世界観が、近代にいたってデカルト＝ニュートン的な機械論的世界観によって乗り越えられたというのが、一般的な哲学史上の見方である。しかし、人間の心の理解に関しては、ことはそれほど単純ではない。デカルトは、私たちの精神の機能を「考えること」に限定して、感覚や欲求や運動といった機能から切り離すと同時に、後者の機能を物体としての身体に属するものとした。つまり、精神には、現代の私たちが考えるものと比較すると、きわめて狭い範囲の機能しかあたえられていないのである。

　これに対して、アリストテレスの考える「心」はずっと広い概念である。アリストテレスは、心的なはたらきの担い手については「魂（psychē：プシュケー）」という言葉をつかっているが、ここでは、彼の『魂について』における人間の魂についての考え方を、やはり彼の世界観と結びつけながら検討していくこととしよう。

アリストテレスの考える「魂」とは、生きること、生存することを可能にする原理であり、デカルトのような明確な意識を伴っている必要はない。アリストテレスによれば、動物だけではなく植物も、生きるための原理を内にもっているがゆえに、植物も魂をもつ。ここで、植物についても「魂」という言葉を使うことに対して、違和感があるかもしれない。しかしそれは、私たちが心というものを、何か明確な内的表象を伴ったものと考えるデカルト的習慣に染まっているからであるとも考えられる。

　アリストテレスは、ヨーロッパ最初の生物学者とでも言える人であり、きわめて精緻な観察によって動物を博物学的に分類した業績を残している。そんな彼は、生物の魂がもつ諸々の能力を、大きく分けてつぎの3つに区分している（『魂について』第2巻）。

① 栄養的部分

　これは、栄養摂取、呼吸、生殖といった、生命のもっとも基本的な機能に対応する部分である。生物界で言えば、植物の魂はこの部分だけからなる。植物も、たとえば日の当たる方向へ茎を伸ばしたり、水のある方向へ根を伸ばしたりといったように、外界からの情報に対して何らかの反応をしているし、子孫を残すための活動もおこなっている。これは、無生物にはない能動的な現象である。もちろん動物や人間の魂もこの部分を根底にもっており、栄養をとったり生殖活動を営んだりする欲求は、私たちも感ずるところであろう。

② 感覚的部分

　これは、すぐれた感覚（とくに視覚）および感覚をもとに運動することに関連する部分であり、植物はもたず、動物の段階ではじめて備わる部分である。いわゆる五感（触覚、味覚、嗅覚、聴覚、視覚）はここに属する。もちろん、あらゆる動物がこれらすべての感覚をもっているわけではなく、動物によっては或る感覚をもっているが、或る感覚はもっていないものがある。しかし、いずれにせよ、人間も含めたあらゆる動物は、程度の差はあれ感覚能力をもっている。

③ 理性的部分

　これは、考える能力、論理的・合理的思考、倫理的・道徳的思考に関連する部分であり、他の動物はもたず、人間においてはじめて備わる部分である。もちろん、他の動物の営みのなかにも、人間の思考に近い性格をもったものは存在する（アリストテレスはツバメの営巣を例にあげている）。しかし、この能力が完全に展開されているのは、言語をつかって思考する人間においてである。人間は、栄養的部分や感覚的部分を基盤として内にもちながらも、その上に新たに理性的部分を付け加えている。

　以上のことを整理すると以下のようになる。

理性的部分：考える能力、論理的・合理的思考、倫理的・道徳的思考……………………………………………
感覚的部分：すぐれた感覚（とくに視覚）、運動 …… ｝動物 ｝人間
栄養的部分：栄養摂取、呼吸、生殖 ……………植物

生物界の階層性（「自然の階梯」）　さて、ここまでは、ひとりの人間の魂のなかで、諸々の能力が栄養的部分を基礎として一種の階層を形成していることを見てきた。アリストテレスは、それに加えて、生物界（生命界）全体もまた、一種の階層を形づくっていると考えている（『動物誌』第7巻第1章）。このような考え方は、後代に「自然の階梯（scala naturae）」と呼ばれるようになる。

アリストテレスによれば、諸々の生物は、少しずつの差異によって段階をなしている。無生物、植物、動物の間の移り変わりは連続的なものであり、それらの中間の性質を備えているものは、どちらに属しているのか分からないほどである（アリストテレスは、植物と動物の境界に位置づけられるものとして、カイメンやホヤなどを例にあげている）。この階層の最上位には人間が位置づけられているが、それは人間が理性をもっているからである。

しかし、これで終わりではない。アリストテレスによれば、さらに魂の階層は人間的理性をも越えて、神的なものへと高まっていく。この場合の「神」とは、純粋な理性的存在、つまり栄養能力や感覚能力を必要としない純粋な観想のはたらきのことを指している。人間は、生物界のなかでは、もっとも神に近い存在であり、「理性」は人間のうちなる「神的なもの」とされる。ここでも、生物界の階梯は、ひとつの目的へと向かって高まっていくという目的論的な性格をもつものとして構想されていることが窺われよう。

このようなアリストテレスの階層理論は、現代の私たちの目には一種の人間中心主義と映るであろう。人間が生物界の階層の最上位におかれているからである。これに対して、今日の進化生物学の考

え方によれば、現在地球上で生存しているあらゆる生物は、いずれも長い時間をかけた自然淘汰をくぐり抜けて子孫を残してきた勝者である。どんなに原始的な生物であったとしても、それは自然環境への適応の結果、現在のような形質を備えて生存しているのであって、それらの間に価値の優劣など存在しないものと考えられる。したがって、アリストテレスのような目的論と人間中心主義は受け入れがたいということになるであろう。

　たしかに、アリストテレスの世界観のなかには、人間中心主義的な性格があることは否めない。しかしながら、私たちがアリストテレスの思想から汲み取るべきことは、以下のようなことではないかと思われる。ひとつ目は、上位の能力は下位の能力の存在を基盤として、その上に形成されるのであって、下位の能力が存在しなければ上位の能力は存在しえないということである。したがって、人間は、植物的なものや動物的なものを、理性の不可欠の存立基盤として自らのうちに包摂しているのである。ふたつ目として、下位の能力は、上位の能力の「要素」として取り込まれているということがあげられる。つまり、下位の能力は上位の能力の登場によって、新たな全体の「部分」となっており、上位の能力の影響を受けて変容を被っているので、そのままの形では表出しないのである。このような、単なる下から上への「積み重ね」ではないような関係性を、ここでは仮に「統合」的な関係性と呼んでおこう。

　アリストテレスは、このことの例として生殖能力をあげている(『動物誌』第7巻第1章)。植物においては、生殖のプロセスは、種を作ってそれを地面に放てばおしまいである。しかし、感覚能力

や運動能力を備えた動物においては、子どもの養育は独り立ちするまでの間の長期にわたるので、生殖の活動はそれらの動物の生活の一部となっている。さらに、理性を備えた人間においては、子どもが独り立ちしたらそれで終わりというわけではなく、親子の絆は成人してから以降も続く長期のものとなる。これに加えて、人間における生殖の活動は、親以外のものも養育に関わる「ポリス（共同体）的な」ものとなる。つまり、人間においては、生殖のはたらきは、もはや植物のような単純で純粋な形で現出することはない。生殖のような生命の根幹にあるはたらきですら、人間の生の全体性のなかにとりこまれて、理性に侵食されて変容を被っているのである。

　以上見てきたように、人間の心についてのアリストテレスの考え方は、デカルトの心身二元論とは明確な対照をなしている。デカルトによれば、人間の精神の本質は理性的な思考にあり、感覚や感情や欲求にはない。後者は身体のはたらきへと還元される。それに対して、アリストテレスにとっての心（魂）は、思考作用のみならず、デカルトによって不分明なものとして排除された感覚、感情、欲求などをすべて含み込んでいる。アリストテレスにおいては、魂とはそもそも生物が生存することを可能にする原理の担い手のことであり、その意味で身体のはたらきと不可分のものと考えられているのである。

(2) シェーラーの人間観

心的機能の４つの段階　さて、時代は飛んで現代の哲学者に注

目してみよう。心について考えるうえで、アリストテレスのような階層的な見方を導入している現代の哲学者に、マックス・シェーラーがいる。この章のはじめに見たとおり、シェーラーは現代的な意味での「哲学的人間学」の創始者とされるドイツの哲学者である。ここでは、彼の『宇宙における人間の地位』（1928年）で展開されている心的機能の階層理論を検討していきたい。

この著のなかでシェーラーは、人間の心を思考や高次の表象に限定してしまうデカルトの考え方を批判している。シェーラーは、世界における人間の位置づけを考える際には、まずは現代科学によって明らかにされてきた、生物の「心的な諸能力の段階系列」をふまえる必要があると述べて、その諸段階を以下のように区分している。

① 感受衝迫（Gefühlsdrang；impulsion）

シェーラーは、生物のもっとも基底にある心的機能を「感受衝迫」と呼んでいる。「感受衝迫」とは、生物の内部や外界の情報を「感受」し、その情報をもとに栄養摂取や生殖などを求める内的な「衝迫」を生じさせる心的機能である。これは動物のみならず植物ももっている最下層の心的機能である。植物や非常に単純な動物の心的はたらきは、意識も感覚も表象もそなえていないかもしれないが、それでも「〜に向かって」という特殊な方向性と目標性とをそなえている（たとえば植物の屈性など）。いかなる高次の心的機能の背景にもこの感受衝迫がはたらいており、これはあらゆる心的機能の基盤となっている（ただし、シェーラーは、動物についてこの

機能を語るときには、「衝迫」ではなく「衝動（Trieb ; drive）」という言葉を使っている）。

② 本能（Instinkt ; instinct）

　さらに動物には、「本能」が認められる。本能とは、遺伝的に伝えられる生得的な行動能力のことを指す。本能は、植物には存在せず動物にいたってはじめて登場するものであるが、これによって、後天的な学習がなくとも動物が生命的目的にかなった行動をすることが可能となる。本能は、種に共通のものであり、これによって試行錯誤なく生命的欲求を満たす行動が可能になるが、しかし同時に、本能的行動には一種の硬直性がある。つまり、状況の変化によって行動が撹乱されてしまったり、本当はそういう行動をしないほうがよい場面でも、定型的な刺激によって行動が自動的に解発されてしまったりすることがある。

③ 連合的記憶（assoziatives Gedächtnis ; associative memory）

　これは、連合によって何かを記憶し、感覚・運動的な行動様式を獲得する能力のことである。「連合」とは、心にあたえられた諸要素が「近接」や「類似」の原則によって、結びつくことである。代表的なものはパブロフのイヌのような「条件づけ」であり、そこでは、ベルの音と餌とが連合している。動物は一般的に、内発的に試験的な運動を反復するものだが、この運動が何らかの衝動の満足に効果があった場合、それをいっそう頻繁に反復しようとするであろう。これによって、「学習」が可能となる。この連合的記憶の能力は、程度の差はあれ、あらゆる動物に備わっているが、植物には備わっていない。シェーラーによれば、この能力の登場は、動物が

「本能のもつ種への繋縛性と適応性を欠いた硬直性からますます解き放たれてくること」を意味する。

④ 実践的知能（praktische Intelligenz; practical intelligence）

つぎの段階は、生物における心的能力の最高次の段階である。もし或る生命体が、それまでに経験したことのないような新たな状況に直面して、新たな試行をおこなう必要もなく「意味に即した行動」を遂行することができるならば、その生物は「実践的知能」をもつ。したがって、連合的記憶とは異なって、知能的行動は先行的試行の回数には依存しない。その行動は、賢明なものであることも的はずれなものであることもありうるが、いずれにせよ目標追求的な行動である必要がある。これが「実践的」と名づけられるのは、その能力が、有機体がおのれの生命的衝動を満足させるという目標のために存在しているからである。

　以上の諸々の心的機能相互の関係は、アリストテレスにおいてそうであったように、下位の機能を基盤として、それを「統合」しつつ上昇するようなかたちで上位の機能が登場するというものになっている。生物種によっては下位の機能しかそなえていないものもあれば、上位の機能までそなえているものもあり、またそれぞれの機能の達成の程度も種によって異なってくる。しかしながら、この階層の全体について共通して言えることは、上位の機能が生じるにしたがって、生物の行動に自由度と柔軟性が増していくということである。たとえば、生殖機能について見ると、多くの哺乳類においては、発情という自然のサイクルにしたがってはじめて交尾への衝動

が起こるが、ヒトにおいては性交渉への衝動が起こるにあたっては、このようなサイクルが大きな意味をもたなくなってしまっている。アリストテレスにおいてそうであったように、高度な実践的知能をそなえている動物においては、下位の心的機能が純粋なかたちで発現するのではなく、知能に侵食され、そのコントロールを受けながら発現してくるのである。

人間の「精神」について　さて、ここで他の生物と比較したときの人間の「本質」規定（「人間とはなにか」）の問題に立ち返ってみよう。シェーラーは、人間は以上のような4つの心的能力を他の生物と共有しながらも、それらを踏み越えた存在であると考えている。つまり、人間はそれらの心的能力を越えた「精神（Geist；spirit）」をそなえているという。人間にしか存しない「精神」とは、どのようなものであろうか。シェーラーのいう精神とは、4つの心的能力を生命的衝動の満足とは別のより高次の目的のために、あるいはそれを越えたより高い価値の実現のために利用していく能力のことを指している。感受衝迫以外の3つの心的能力は、つきつめて言えば、生存や生殖といった生命的目的を達成するための最も基本的な機能である感受衝迫の満足のために存在している。それに対して、精神は、この生命的衝動の満足を直接的に目指すのではなく、ときにはそれを否定したり抑圧したりしながら、より高い価値の実現を目指すはたらきであるとシェーラーは言うのである。

このような観点から言うと、「知能」があることをもって、人間を他の動物から区別できるとする考えは誤りである。他の動物（特に大型霊長類）も人間に匹敵するような知能を備えているものがあ

り、ある分野においては、人間以上の知能を発揮しているような動物もあろう。しかし、シェーラーによれば、それらの動物における知的能力の発揮は、生存の維持や繁殖の成功という基本的に生命的な目的のために、すなわち4つの段階の最下層にある生命的衝動の満足のためになされている。これに対して、人間のもろもろの活動は、生存や生殖への直接的有用性をもたないように見えるものであふれている。たとえば、純粋な知的好奇心からくる学問的探求や、純粋な美的関心からくる芸術活動などがそれである。このような人間のあり方は、言い方を変えるならば、生命的関心の対象からなる生物学的な環境、すなわち「環世界」の拘束から解きはなたれて、それを越える自由な活動性を見せていくことであり、シェーラーはそのような事態を「世界開放性」という用語で表現している。

「環世界」　ここで言われている「環世界（Umwelt）」と「世界（Welt）」との区別については、説明が必要であろう。「環世界」とは、オーストリア生まれの動物学者ヤーコプ・フォン・ユクスキュル（1864-1944）の用語である。ユクスキュルによれば、それぞれの動物は、本能（生得的な行動をおこなう能力）と相関したかたちでの感覚器官や実行器官をそなえている。とくに、感覚器官は種によって受け取る情報が異なり、したがって、それぞれの種が経験している環境は同一ではない。あらゆる生物に共通の客観的環境なるものがあったとして、動物はそこから自らの生存と生殖に必要な情報をピックアップしているのであり、言いかえるならば、それぞれの動物は自分の周囲世界に意味を投影している、あるいは意味に満ちた周囲世界を作りあげている。このように、それぞれの動物が種

の生物学的機構と対応するかたちで構成し、そのなかに生きている環境のことを、ユクスキュルは「環世界」と呼んだのである。

彼の著書『生物から見た世界』(1934年)は、ダニの環世界という印象的な例から始まっている。マダニの雌は、産卵期にのみ動物の血を吸うのであるが、視覚や味覚をもたないマダニが、森の木の枝のうえで待ち伏せして、下に通りかかった温血動物の皮膚に巧みにとりついて血を吸うことができるのは、いかにしてであろうか。ここでは、ダニが外界から得る3つの刺激によって、ほぼ反射的に行動が促されるようになっている。つまり、木の枝の上で獲物を待ち伏せしているダニは、動物の皮膚から発せられる酪酸のにおいを知覚すると木の枝から脚を離して落下し、接触を感じるとゴソゴソと這い回り、温度を感じると皮膚を嚙んで血を吸い始める。ここでのダニの環世界は、酪酸の匂い、接触、温度といった、きわめて単純なものから成り立っているのであるが、ダニの生存と生殖にとってはこれで必要十分である。これら3つの反射的プロセスは、バラバラに引き起こされるのではなく秩序だった順番で起こり、失敗があればやり直される。したがって、デカルトが考えたような単なる自動機械的な反応を越えた行動が、ここでは実現されている。ユクスキュルによれば、ダニですら行動や認知の「主体」なのである。

もちろん、私たち人間は、他の動物が主観的にはどのような世界を経験しているのか、その動物になりか

図4. 写真による街路風景

図5. イエバエから見た街路風景

図6. 軟体動物から見た街路風景

わることができない以上、厳密には知るすべはない。しかし、現代の解剖学的、生理学的、神経学的研究の成果と、動物行動学の成果を照合することによって、それを推測することはできる。『生物から見た世界』には、当時のこのような推測の試みが、さまざまな図像とともに紹介されている（図4、5、6）。

先ほど、それぞれの動物種は、自分の周囲世界に意味を投影していると述べたが、それはつぎのようなことである。たとえば、ここに一本のカシワの木があるとしよう。このカシワの木は、デカルト的な物体としては、あるいは「どこでもないところからの眺め」、すなわち生命的意味を削がれた物理的存在としてみれば、どの生物にとっても同じ客観的実在であろう。しかし、それぞれの生物は、そのカシワの木を、それぞれの感覚器官をとおして、それぞれの生命的関心のもとに見ている。たとえば、アリにとってはカシワの木はえさを探す場所であり、ユクスキュルの表現では「食餌のトーン」をもつ。おそらく、アリが知覚する範囲は木の表皮の部分に限られ、それは山あり谷ありのデコボコ道であろう。一方で、フクロウやキツネにとっては、カシワの木の枝の間や根元の洞が隠れ家やねぐらとな

り、「安全のトーン」をもつ。このように、それぞれの動物においては、それぞれの感覚器官および本能的行動の能力と相関するかたちで、周囲の環境から情報がピックアップされている。逆に言えば、動物は生命的意味を外界に投影しており、その意味の集まりがその動物種の「環世界」を形成しているのである。

「世界開放性」　さて、シェーラーは、このユクスキュルの考え方を高く評価する。動物によって知覚されている環世界を描き出そうというユクスキュルの試みは、人間中心主義を克服するものである。というのも、従来の考え方では、人間の知覚が基準とされた上で、他の「下等な」生物の知覚世界は、人間の知覚世界から何かが差し引かれた貧困な世界であるというイメージが一般的であったからである。ユクスキュルは、このような人間中心的な考え方を批判し、それぞれの動物の環世界は生存の用のためには必要十分なものであり、その意味で同等の価値をもっていることを示したのである。

　しかしながら、一方でシェーラーは、ユクスキュルの考えは、そのままでは人間に当てはめることはできないと考える。ユクスキュルは、人間も他の動物と同様に種に固有の環世界のなかに生きていると主張した。ただし、人間の住む環世界は、その生命的意味がきわめて複雑なネットワーク構造をなしているので、その分析は容易ではないだけだというのである。これに対して、シェーラーは、人間は環世界への拘束から解放されていると主張している。他の動物にとっての環世界は、生命的衝動の満足という観点によって分節化されている。つまり、栄養摂取の場であったり、外敵や生殖の相手

の存在を告げるものであったり、そういった生命的意味に彩られている。これに対して人間においては、周囲世界は徐々に生命的関心から離れた多様な意味をあたえられていく。たとえば、人間の少女にとっては、森は妖精たちが住む世界と認識されており、カシワの木の表面はおそろしい精霊の顔と映るかもしれない（「危険のトーン」）。さらに木こりにとっては、この木は伐採して売買する対象として見られている（「有用性のトーン」）。さらに科学者であれば、いかなる実践的意味をも排除した物理学的な観点から、この木の組成を調べるかもしれない。

　もちろん、人間も生物である以上、生命的関心にいろどられた環世界をもっているのであって、種に固有の環世界から完全に切り離されてしまうことはない。たとえば、人間はイヌやネコとは違い、豊かな色彩を知覚することができるが、チョウのように紫外線を知覚することはできない。しかし、人間は環世界に完全に拘束されているわけではなく、それを想像の対象としたり、文化的に利用したり、あるいは科学的に客観視したりと、実に多様な観点から事物を捉えている。このように、人間が生命的意味を越えた多様な意味を担わせている開かれた場のことを、シェーラーは「環世界」と区別して「世界」と呼び、人間の本質は「世界」に対して開かれていること、すなわち「世界開放性」にあるとしたのである。

　それでは、世界開放的存在となるためには、どのような能力が必要とされているのであろうか。シェーラーによれば、それこそが先に述べた「精神」的能力なのであり、それは具体的には以下のようなものである。ある生物が世界開放的になるためには、環世界から

距離をとり、それを離れたところから「対象化」する能力をもっていることが前提となっている。この「対象化」のはたらきは、自分自身へと向けられるならば、「自己意識」となる。自らの外側の環世界を対象化する能力は、同時に自ら自身を対象化する能力と表裏一体である。自分自身を外側から対象化できるということは、自らの生命的衝動をも意識して、それを一時棚上げすることができることを意味する。ニーチェが指摘しているとおり、たしかに人間は他の動物と同様の衝動的存在である。しかし、人間は自らの衝動を実現するために、環世界からの刺激に対して即座に実践的行動で応ずる必要はなく、衝動が満足される状況を心の中で思い描く（表象する）ことによって、衝動満足を一時棚上げにすることができる。たとえば、人間においては、後日のより大きな利益を得るために目下の小さな利益を犠牲にするような、高次の計画的・合理的な行動も可能となっている。このような認識と行動の自由を可能にしているのが、人間の精神の力なのである。

シェーラーから出発して　古来、人間と他の動物との違いを決定づけるために、人間にしか見られない能力としてさまざまなものが提案されてきた。たとえば、人間のみが知能をもつ（ホモ・サピエンス）、直立二足歩行をする（ホモ・エレクトゥス）、道具をつくる（ホモ・ハーベル）、ことばを話す（ホモ・ロクエンス）、等々。しかし、今日では、とくに大型霊長類についての研究が進んできたことによって、これら人間独自の能力とされてきたものに対して、疑いの目が向けられている。たとえば、ボノボ（ピグミーチンパンジー）はかなり長い時間にわたって二足歩行ができるし、野生のチ

ンパンジーも食物を得るための簡単な道具を使用したり、作成したりする。また、人間以外の動物も何らかのコミュニケーションをおこなっており、「ことば」をもつと言われることすらある。

　シェーラーは、このような従来の人間の能力のどれかひとつをもってきて、決定的に人間を定義づけできるとは考えていない。むしろ、それらに共通する一般的特徴として「世界開放性」という概念を打ち出している。要するに、他の動物と比較した場合、人間の知能や道具使用やコミュニケーションが開放的構造をそなえているということが重要なのである。

　このことを私たちなりに現代の比較認知科学の成果と照らし合わせてみよう。たとえば、人間の道具は、単に自然的に存在しているものに対して直接使用される一階のものに限らない。人間は、対象に直接はたらきかける道具をつくるのみではなく、道具をつくるための道具、道具をつくるための道具をつくるための道具……をつくることができる。このほかにも、「他者の心に映じた別の他者の心……」の認識や、「言語を記述するための言語……」の使用といったように、人間の認識や行動は無限に入れ子状になっている、言いかえるならば、高次の再帰性をもっている。近年おこなわれているヒトと他の大型霊長類との比較研究の成果によれば、このような高次の再帰性をなすということが人間の知能の独自性であるという（松沢哲郎『進化の隣人　ヒトとチンパンジー』第5章を参照）。シェーラーは、そのような開放的な性格をもった人間の心的能力を、「知能」でなく「精神」という伝統的な用語によって表現したと考えてよいであろう。

シェーラーの思想を私たちなりに敷衍すれば、以下のようになる。人間の世界はさまざまな精神的意味に満ちている。人間は、自然的世界（人間の環世界）を基盤にして、集落や都市を作りあげる。また、人間の世界には、文化の産物や制度（法、教育、科学など）が多層的に重なっている。たとえば、食事をとるという栄養的機能も、決まった回数、決まった時間に、文化圏ごとに異なるマナーでもって実現されている。あるいは、生殖に関するものは、恋愛や結婚制度をはじめとする文化的なものによって象られている。人間においては、生命的衝動は生（なま）の形で現出してくるのではなく、それ自体が文化的な型にはめこまれた形で表面に現れてきている。私たちは生（なま）の自然ではなく、文化の覆いに覆われた自然、いわば「第二の自然」のなかに生きているのである。

　シェーラーは、人間が環世界から距離をおくことによって、その認識と行動の自由を獲得していくさまを記述した。それは言いかえるならば、単に空間的にだけではなく、時間的な観点からも、刹那的な「いまここ」の具体的状況から人間が身を解き放っていることを意味している。したがって、「過去－現在－未来」といった俯瞰的な時間の展望をもち、過去に意味づけをしながら、未来を見越した行動をするということも、人間の特徴であろう。さまざまな形での時間の表象については、本書の第3章において取りあげられることになる。

　問題① アリストテレスやシェーラーは、生物界の階層性の最上位に人間をおいている。このようなものの見方は、

不当な人間中心主義なのであろうか。それとも、何か正しいものの見方が含まれているのであろうか。考えてみよう。

問題② 人間にも環世界があるとすれば、それはどのようなものであろうか。考えてみよう。

問題③ シェーラーは、生命的衝動の満足をめざす4つの心的機能のほかに、人間における「精神」なるものを想定したが、これは正しいであろうか。それとも、いわゆる「精神」も4つの心的機能のなかに含み込まれるのであろうか。考えてみよう。

コーヒーブレイク2

人間の道徳は進化の産物なのか？

　古来、道徳をもつのは理性的存在である人間だけであり、そのことが人間を他の動物とは異なる尊厳をもつ存在たらしめている、と考えられてきた。つまり、他の動物は生命的欲求にしたがっているだけであり、そこにあるのは「弱肉強食」の世界である。これに対して、人間だけは理性をもっているので、そうした欲求に逆らって社会のルールにしたがって生きることができる、というわけである。しかし、他の社会性の動物たちも、同じ群れの仲間どうしで協力し合うことがあり、さらにはミツバチのように自らの生命を犠牲にして仲間を助ける種すらある。生命体とは、本来自分の遺伝子を子孫に伝えるというところに本質があるとするならば、自らの生殖に不利になるように思われるこうした利他的行動はいかにして進化し得たのであろうか。このことは、長い間進化生物学上の謎であった。しかし、DNAの解析などの研究手段の向上の結果、いくつかの仮説が提唱されるようになった。たとえば、ミツバチが自らの命を犠牲にして、同じ巣の仲間を助けることには理由がある。じつは自分自身は子どもを産まないはたらきバチたちはみな同じ女王バチから生まれた姉妹であり、しかもヒトの姉妹よりも遺伝子を共有している度合いが高い。したがって、自分自身が子どもを産むよりも、同じ巣の他の個体たちを助けたほうが、効率よく自らと同じ遺伝子を残せるのである（これを「血縁淘汰」による説明という）。この場合は、直接的な血縁関係にある者どうしの利他的行動が問題となっているが、行動生態学は、血縁関係にない個体どうしの協力行動についても、最終的には自らの遺

伝子を残すための戦略という観点から説明できると仮定して、さまざまな社会性の動物についてこのことを立証しようとしている。もしこのような仮定が正しければ、私たち人間の道徳も、そういった生殖の有利さに基づく利他性の延長で説明できるのであろうか。これは、「生物学の哲学」と呼ばれる現代科学哲学の分野での一大論争点である（長谷川寿一・長谷川眞理子『進化と人間行動』東京大学出版会、2000年 を参照）。

第3節　人間の身体性と言語

　前節では、デカルト的な物心二元論とは反対に、人間を生物界全体の秩序のなかに置き直して考察する試みについて見てきた。本節では、デカルトの心身二元論を念頭におきつつ、精神と身体との密接な関係について考えてみたい。私たちは、まず現代フランスの哲学者モーリス・メルロ＝ポンティ（1908-1961）の身体論について見ていきたい。デカルトにおいては、身体は物体の秩序に属し、機械と同様に精神によって認識され支配されるべき対象であった。メルロ＝ポンティは、このようなデカルト的な身体の捉え方を乗り越えようとした哲学者である。

　さらに、本節の後半では、他の動物と比較したときの人間だけの特性と見なされている言語について考えてみたい。人間だけの特性であるとはいっても、言語は元来は身体を使用して音声を発する所作のひとつであると考えられる。おそらく、言語の起源をたどれば、それは理性的思考の道具である以前に、他の動物のコミュニケーションと同じような生命的な表現の営みであったに違いない。そうだとすれば、他の動物のコミュニケーションと人間の言語との違いはどこにあるのであろうか。そして、人間の言語に特殊性があるとして、そのことと人間の「世界開放性」とはどのような関連があるのであろうか。本節では、こういった問題について考察してみたい。

(1) メルロ＝ポンティの人間観

主体としての身体　デカルトにおいては、身体は単なる物体であるとされ、心は世界と身体から切り離された純粋な精神であるとされたが、メルロ＝ポンティはこの二項対立そのものを問題とする。メルロ＝ポンティは、主著『知覚の現象学』（1945 年）において、デカルト的な「物体としての身体」に代えて、「生きられる身体」、「主体としての身体」という概念を提唱する。「生きられる身体」とは、デカルトが問題としたような、機械論的な眼差しで外側から観察された「対象としての身体」ではなく、私たちが内側から経験するがままの身体のことである。

私たち人間は、身体をもつことによって世界に所属している。メルロ＝ポンティによれば、それは、身体が単なる物体として物理的世界の一部となっているという意味ではない。そうではなくて、私たちは身体的存在として、ユクスキュルやシェーラーが記述したような生命的意味、実践的意味に満ちた世界に生きているということである。このような眼差しのもとでは、身体は主体的な性格をもつものとして浮上してくる。私たちは、自分が反省的に意識するとしないとにかかわらず、潜在的意識のレベルで世界からの呼びかけに応じている。たとえば、何か物を見るという単純なはたらきのなかにさえ、体躯を適切な方向に向ける、焦点をそこに合わせる、ある背景（地）のうえに対象を図として浮かびあがらせる、などといったきわめて繊細な身体の動きをともなっている。デカルトであれば、こういった働きは私たちによって「意識」、「反省」されていないのだから、存在しないも同然ということになろう。しかし、私

たちは、そういった身体経験をそのときは明確に意識していなくても、事後的に「ああ私はかくかくのことをしていたのだ」と反省的に意識に上らせることはできる。もちろん、身体の動きのすべてを事後的に意識化できるというわけではないが、現在のさまざまな生理学的・神経学的研究の成果を、私たちの主観的経験の記述と照らし合わせることによって、私たちは自分の身体についての意識をより鋭敏に研ぎ澄ますことができるように思われる。そうすれば、身体はまったく受動的に世界からの働きかけを受け被っているだけの惰性的な存在なのではなく、むしろ能動的に自分の実践的領野を周囲に投射している「主体」としての性格をもっていることがわかるであろう。

一方で、人間の心のあり方のほうについても、デカルト的な見方からの変更が必要である。心はもはや、デカルトが考えたような、世界から身を解き放ち、上空飛行的に世界を俯瞰するような能動的主観ではありえない。むしろ、身体をもつことによって世界に位置づけられ、特定の視点をもち、理性のみならず生命的実践としての知覚や感情や欲求をもった心となる。このような人間のあり方を、メルロ＝ポンティは、彼と同時代のドイツの哲学者マルティン・ハイデガー（1889-1976）の言葉を借りて「世界－内－存在（In-der-Welt-sein；being-in-the-world）」と呼んでいる。

世界－内－存在としての人間は、デカルトのいう精神と身体の中間くらいのところを生きている。私たちが、たとえば精神的課題に集中しているときには、身体のことは忘れ去られている。アリストテレス流に言えば、下位の能力が理性によって統合され、理性的目

的のために糾合されているのである。しかし、私たちはたとえば病気や怪我に悩まされているときには、身体の物体的な側面に拘束されることがある。身体はもはや私の主体的意欲によって自由に動かせるものではなくなり、私を閉じ込めている惰性的な物体のようなものとなる。そのときには、理性による統合は解体し、身体的なものに意識がとらわれて自由が制約されてしまうであろう。メルロ＝ポンティの言葉を借りれば、人間は自由な精神的存在であると同時に、身体的状況に拘束されている「両義的な」存在なのである。

世界－内－存在の具体相　メルロ＝ポンティによれば、デカルト的な反省的な自我、コギトでさえ、私たちの身体性にその成立を負っている。もし私たちが身体をもたなければ、私たちは外部をもたない純粋な内部だけの存在となってしまう。しかし、私たちは身体という外部をもつことによって、世界からのはたらきかけを受け被ったり、他人によって外側から見られたりする。幼児が自己についての意識、「私」という意識をもつようになるためには、こういった経験の積み重ねが必要であろう。とくに、身体をもっているがゆえに他人から見られていることを意識することは、自己意識の成立にとって大きな役割を果たしていると考えられる。幼児にとって、他人や世界は自己を映す鏡であり、幼児は他人の眼差しを内面化することによって自己意識を身につけるのである。こうして、デカルトのいう反省的意識、コギトの成立も私たちの身体性と世界－内－存在に負っていることになる。

さらに、人間が身体的存在であるがゆえに、シェーラーが人間の本質と考えた「世界開放性」も、つねに実現されているとは限らな

い。これについて、メルロ＝ポンティは、脳に損傷を負った患者の病理現象についての神経生理学者らによる報告を参照している（『知覚の現象学』第１部第３章および第６章）。ある患者は、実験者に命じられて、自分の鼻をかんだりつかんだりすることはできるのだが、鼻を指さすことはできない。また、マッチを擦って火をつけることはできるのだが、マッチがないところで、マッチを擦る動作だけをするように命じられると、それができない。およそ患者は何かを演じてみるということができない。また、ある色名健忘の患者は、「青」や「赤」といった実験者のいう色の名称を聞いたあとで、色見本のなかから指定された色を選び出すことができない。しかし、「空のような青さ」とか「血のような赤さ」というように、色が具体的事物と結びつけられている場合には、その語の意味を理解でき、その色を選び出すことができる。こういった現象に共通していることは、患者は日常の具体的な生活場面のなかで繰り返される実践的な行動はできるのに、具体的な状況から離れるような抽象的な行動ができなくなってしまっているということである。

　メルロ＝ポンティはこういった研究成果を一般化して、患者に欠けているのは、自分の周囲に身体的な実践的行動の領野を志向的に投射する能力であると述べている。メルロ＝ポンティによれば、それこそが「世界－内－存在」している身体的主体の能力である。この場合の行動の領野とは、動物の環世界に相当するような生命的意味に満ちたものから、「マッチを擦る」、「ノックをする」などの文化的意味もふくんだもの、さらには「ダンスをする」、「講演をする」といった抽象的・意識的なものまで、階層をなしている。そし

て、健常な主体は、具体的な生命的実践から解き放たれて、自由な抽象的行動領野を周囲に投射することができる。それに対して、病的な状態においては、患者の身体は具体的な生命的状況に埋没してしまい、もっぱら日常の実践的行動のなかに閉じ込められてしまうのである。

さて、メルロ=ポンティの考えによれば、言語を用いて語るということも、世界−内−存在としての身体的主体のはたらきとして捉えられるべきである。私たちが会話をおこなうとき、自分たちのまわりに複数の人間間で共有される意味の領野を形成していると言うことができる。それは、デカルト的な精神による理性的思考の表現の場である以前に、身ぶりや表情も交えた身体的なコミュニケーションの領野であろう。

以上のようなメルロ=ポンティの身体論を念頭におきながら、以下では、人間の言語と人間の「世界開放性」との関係について考えてみたい。

(2) 言語的存在としての人間

デカルトの言語観　さて、デカルトによれば、言語を話すのは人間だけで、ゆえに人間は特別な存在である（『方法序説』第5部）。感情の表現としての鳴き声や叫び声は動物にもあるが、語を自由に組み合わせて話をつくり出す能力は人間にしかない。動物は精神をもたないのであるから、一見したところ動物が同じ種の個体どうしの間で人間のように会話をしているように見えたとしても、それは特定の刺激に対して音声で反応するように設計された自動機械がそ

うするのと同様なのである。このような動物のコミュニケーションについてのデカルトの知識は17世紀当時のものであり、多くの動物行動学の成果に触れることのできる今日の私たちからすれば、かなり貧困なものである。しかし、私たちがここで問題にしたいことは、デカルトの知識の不足ではない。私たちが問題としたいのは、もしデカルトが理性的存在であることと言語をもつこととを不可分のものと考えているのであれば、彼が身体に割り当てた低い地位はもっと見直されるべきではないだろうか、ということである。

デカルトが、身体がなくてもコギトは存立しうると考えていたことを想起してほしい。その際、デカルトは「私は考える」という反省的営みに、いかに言語が寄与しているかということについてはほとんど論じていなかった。つまり、デカルトにおいては、人間の言語は、言語なしでもすでに存立している精神が用いる道具のようなものと見なされているのである。しかし、前節までの議論で私たちは、人間を世界や身体から切り離された主観としてではなく、生命的環世界に縛られつつも、そこからの自由を獲得していく「世界開放的」存在として規定した。私たちは以下では、人間が世界開放的存在になっていくにあたっては、言語が大きな役割を果たしているということを確認していきたい。

私たちの言語経験を反省してみればわかることであるが、言語は他人とのコミュニケーションの手段であると同時に、私たちが自分自身や世界と向き合う際の媒体でもある。つまり、私たちは言語的に表現することによってはじめて、明晰に世界を認識することができる。さらには、言語は私たちの思考そのものを分節化する。表現

する前に明晰な思考が存在していて、それを言語で表現するというよりも、私たちは、(たとえそれが内語や独語というかたちであろうとも)言語で表現してはじめて自分が何を考えていたのか、明確にわかるものである。つまり、言語とはあらかじめ出来上がっている思考に事後的に貼られるレッテルなのではなく、まさに言語こそが明確な思考のはたらきを可能にしているのである。

　そして、言語はもともと音声言語である以上、身体的なものである。他の動物が、鳴き声や表情や所作で自らの感情や欲求を表現しているように、人間の言語にも所作的な要素がつきまとっている。たとえば、とっさに「あっ！」とか「痛い！」とか叫ぶことがそれにあたろう。人間の言語の起源についての言語学的、進化生物学的説明には諸説あるようである。たとえば、集団生活をするようになった人類が、他の霊長類が相手をなだめるときにおこなう「グルーミング(毛づくろい行動)」のかわりに音声を使用したことが起源である、みながそれに合わせて集団作業をするときの「歌」が言語を生んだ、などといった仮説がある。ここではその正否を考察することはできないが、いずれにせよ、言語はもともと身体的な所作のひとつであったことは確かそうである。しかし、だからといって、人間の言語使用を他の動物のコミュニケーションとまったく同じものと見なすことは、人間の特殊性を見失うことにもなる。そこで私たちは、現代の言語学や言語哲学の成果を参照しながら、他の動物のコミュニケーション手段と人間の言語とを比較してみたい(ここでは、擬人的な先入見を避けるために、さしあたり他の動物については「言語」という表現を使うことを避け、人間にのみ「言

語」という用語を使っている)。

動物のコミュニケーションと人間の言語　まず、人間以外の動物も「ことば」をもっていると言われるときによく引き合いに出されるものとして、ミツバチのダンスとベルベットモンキーの警声（アラームコール）をみてみよう（テレンス・W・ディーコン『ヒトはいかにして人となったか──言語と脳の共進化』第2章より）。

① ミツバチのダンス

　蜜を見つけて巣に戻ってきたミツバチは、仲間のミツバチにえさのありかを伝えるために、尻ふりダンスをおこなう。ミツバチは繰り返して8の字型にダンスをするが、その垂直線からの角度が太陽とえさ場とがなす角度、ダンスの激しさがえさ場までの距離を表している（図7）。まわりにいるミツバチたちは、それを感知して、えさ場を目指して巣から飛び立っていく。

② ベルベットモンキーの警声（アラームコール）

　アフリカのサバンナに暮らすベルベットモンキーは、3タイプの天敵（ヒョウ、タカ、ヘビ）の接近に気づくと、それぞれ異なる3タイプの音声で群れの仲間たちに知らせる。その音声を聞いた仲間たちは、天敵を回避するような行動を一斉にとり始める。たとえば、ヒョウに対応する叫び声を聞いた場合は樹上に

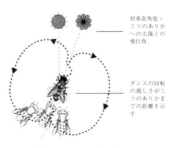

図7．ミツバチのダンス

避難し、タカに対応する声を聞いた場合は上空を見上げ、ヘビに対応する音声を聞いた場合は立ち上がって周囲に注意をする素振りを見せる。

　こういった事例を見てみると、一見したところ動物のコミュニケーションと人間の使う言語とはまったく連続しているように思われる。たとえば、ベルベットモンキーが警声を用いることは、周囲の者に外敵に注意することや避難することを促すために、人間が「上に注意！」とか「逃げろ！」と言うのと同じことであるように見える。あるいは、人間が「タカだ！」、「ヒョウだ！」と言うように、彼らは「ことば」によって外的な事物を指示しているようにも見える。しかし一方で、人間の音声言語は単なる身ぶりや鳴き声とは異なり、多くの分節化された語をもっているし、さらには、統語の規則をはじめとした文法をもっている。そういった意味において、同じ身体や音声を用いたコミュニケーションとはいっても、上記のような動物のコミュニケーションとは何かが異なるのであるが、それはどのように整理すればよいのであろうか。

　ここでは、ひとつの区別の可能性として、現代アメリカの哲学者チャールズ・サンダース・パース（1839-1914）の記号論において、彼が提唱している記号（sign）の3つの区別を見ていこう。パースにとって、「記号」とは情報伝達（コミュニケーション）の知覚的媒体で、それ自身以外のもの（対象）を意味するもののことをいう。ただし、ここではパースの難解な定義に厳密にしたがうことにはこだわらず、ディーコンを参照しつつ、つぎのように定義してお

こう。

  イコン（アイコン、icon）：対象とのあいだに知覚的な類似性の
             ある記号
  インデックス（index）：対象とのあいだに、何らかの物理的・時
             間的結合関係のある記号
  シンボル（symbol）：対象とのあいだに、何らの物理的・時間的
             結合関係も存在しない記号

　まず、イコンとは、対象（世界内の事物あるいは動物の内的状態）とのあいだに知覚的な類似性のある記号のことである。例として、ヒトにおける写真や絵、動物の動作や表情などがあげられる。悦びや悲しみの表情は、そのような感情状態の直接的表現としてイコンに分類される。また、哺乳動物が毛を逆立てて歯をむき出しにする攻撃のディスプレイは、実際に攻撃するときにとる体勢との類似に訴えているので、イコンである。イコンは、生得的に獲得されているものがほとんどである。
　つぎに、インデックスとは、対象とのあいだに何らかの物理的・時間的結合関係のある記号のことである。例として、煙が火の存在を表す、温度計の目盛りが水温を表す、などといったことがあげられる。ヒト以外の動物においては生得的なものが多いが、学習が必要なものもある。
　最後に、シンボルとは、対象とのあいだに、何らの物理的・時間的結合関係も存在しない記号のことである。シンボルは社会的な規

約であり、後天的に学習される。ヒトの言語はシンボルに分類される。ヒトの言語においては、記号と対象との結びつきには自然的な必然性はなく、恣意的であるが、このことを「言語の恣意性」と呼ぶ。

さきに例としてとりあげた2つの動物のコミュニケーションを、上記のパースの区別に当てはめてみよう。まず、ミツバチのダンスにおいては、太陽とえさ場がなす角度を、垂直方向とダンスの直線的な移動の方向とがなす角度で示しており、飛行すべき距離をダンスの激しさで表している。これは、対象との類似性に訴えているので、イコンと見なしてよい。

ベルベットモンキーの警声には、それらが意味している対象との直接的な類似性はない。しかし、それは群れによって異なる約束事というわけではなく、どの群れのベルベットモンキーも同じような音声を発する（ただし、その音声をうまく発することができるようになるには、学習が必要であると言われている）。ベルベットモンキーが警声を発するときは、仲間たちは逃げながら反響的に叫んでおり、それは群れの興奮が収まるまで続く。彼らの音声は、たとえば人間の笑いが伝染するように、他の個体に興奮を伝え巻き起こしているのである。彼らは対象を見ればそのような音声を発せざるを得ず、逆に対象がいないときに、ヒトが「タカ」や「ヒョウ」という名詞を使用するようにしてそれらの音声を発することはない。したがって、この記号は、特定の外敵の存在に気づいたベルベットモンキーの内的情動との密接な結びつきをもった記号であり、インデックスに分類される。

これらに対して、ヒトの音声言語は対象との類似性をもたず、「あっ！」などといった突発的な叫び声を除いては、内的感情状態との直接的な結合関係はない。また、「タカ」や「ヒョウ」という単語は、対象との物理的・時間的結合関係をまったくもたない。ベルベットモンキーの警声とは異なり、ヒトは外的対象が目の前にあろうがなかろうが、その対象を指示する単語を自由に発することができる。民族や国家によって多くの異なる言語が存在することからわかるように、ヒトの言語は社会的な規約である。したがって、ヒトの言語はシンボルであるという点において、ミツバチのダンスやベルベットモンキーの警声とは異なるのである。

ただし、これら記号の3つの区分は、動物の種に一対一で対応しているというわけではないし、同じ記号であっても、たとえばイコンに分類すべきかシンボルに分類すべきか、明確には決定しがたい場合もある。人間もイコンを使用するし、他の動物にもシンボルの萌芽のようなものが見られる。たとえば、タンザニアのマハレのチンパンジーは、葉っぱを嚙みちぎることによって求愛をおこなっているという報告があるが、これは研究者によってシンボルに分類されている（他の地域の群れは、このような求愛をおこなわない）。このようにヒト以外の動物のシンボルの使用が野生状態において観察されたという報告はきわめてまれである。なお、ヒトともっとも近い種であるチンパンジーやボノボについては、人工的な環境においてシンボル記号を学習させる研究がいくつかおこなわれており、日本では京都大学霊長類研究所のチンパンジー「アイ」を対象としたアイ・プロジェクトがよく知られている（松沢哲郎『チンパン

ジーの心』を参照のこと)。

言語の二重分節構造と生産性　つぎに少々観点を変えて、人間の言語と他の動物のコミュニケーションとの違いについて、言語学の分野で言われていることを見ていこう。フランスの言語学者アンドレ・マルティネ (1908-1999) によれば、言語学的に見た人間の言語の特徴は、それが二重分節構造をなしているというところにある(『一般言語学要理』1960 年)。「二重分節」とは、何らかの事態を伝達する単位である文（言表）が、意味を担う最小単位である「記号素（monème ; moneme）」へ、そして記号素が音の最小単位である「音素（phonème ; phoneme）」へと二段階に分かれることを意味する。たとえば、「今日はよい天気です」という文は、記号素（ここではおおむね単語と考えてよい）としては「きょう」「は」「よい」「てんき」「です」と分節するが、音素としては、/k/ /j/ /o/ /R/ /w/ /a/ /y/ /o/ /i/ /t/ /e/ /N/ /k/ /i/ /d/ /e/ /s/ /u/ と分節する（ /j/ は「ょ」に、/R/ は長音に、/N/ は撥音に相当する）。

　人間の言語は、すべてこのような二重分節構造をもっているが、他の動物がコミュニケーションのために発する音声に、このような分節構造をもっているものは存在しない。音素は言語によって異なり、それぞれの言語において有限個存在する（諸説あるが、日本語はおよそ 23 個）。このように、人間の言語が音素の組み合わせによって成り立っているということは、どういうことを意味しているのであろうか。音素は、現実とは何の自然的つながり（有縁性）ももたないがゆえに、自由な組み合わせを許容する。現実と有縁性を

もたないというのはつまり、それは社会的な規約に過ぎないということである。だから、私たちは、犬や猫のことを「イヌ／ネコ」と言ってもいいし、「dog/cat」と言ってもいいし、「chien/chat」と言ってもいいし、「Hund/Katze」と言ってもいい。

もし、それぞれの音素が、ある事物や人間の内的感情状態と直接的な関係をもつものであったとしたらどうであろうか。たとえば、/a/ は悲しみの感情しか意味してはいけない、/i/ は悦びの感情しか意味してはいけないとしたら、どうであろうか。この言語においては、想像できないほど多くの音素が必要であるという事態になろう。しかし、音素は現実とは何の関係ももたない、何ものをも意味しない要素なので、どんな意味をもつ単語の構成要素ともなりうる。有限個の音素から桁外れに多くの数の単語をつくり出すことができ、その単語の組み合わせによって無限の数の文を作り出すことができる。このように、少数の音素から階層的な形で単語、文、さらには話という高次の単位を生み出していけるということは、とても経済的なことなのである。

単語を組み合わせて文を作るときの統語の規則は、文法の主要な要素をなす。さきにチンパンジーなどにシンボル記号を教える試みについて触れたが、彼らは文法にしたがって文をつくることに大きな困難があるようである（京都大学のアイ・プロジェクトにおいては、アイがあたえられた規則にしたがって３語を連結して「文」を作ることを学習できたという報告がなされている）。人間の言語は、文の形をとることによって、大変多くの事態を記述できるようになった。ここに、他の動物には見られない、人間のコミュニケー

ションの意味の豊かさが存在する。

　文のなかでも、その意味内容が真偽を問えるような判断であるとき、その文を「命題」と呼ぶ。「今日はよい天気です」は、現実の今日の空模様と照らし合わせることによって、真偽を問うことができる命題である。命題をもつことによって、人間は、自分の主観的な経験世界を越え出て、客観的な世界の記述を目指すようになる。これによって、さまざまな学問や自然科学が成立しえたのである。さらに、人間は言語をもつことによって、単に目の前にある現実について描写するだけではなく、過去の事態について描写することもできるし、未来のことを想像しながら描写することもできる。さらには、まったく現実には起こりようのない仮想上のことについても叙述できる。そのことによって、人間は現実的な状況だけではなく、可能的な状況へと開かれているのである。

　言語と「世界開放性」　以上のように、私たちが「世界開放的」存在であることと、言語を使用していることとは密接に関連している。言語をもつことによって、私たちは自分が生きている具体的な生命的状況から身を解き放ち、それを距離をおいたところから対象化して叙述することができる。そして、言語による知識の蓄積は文化的世界を形成する。私たちは生（なま）の自然のなかに生きているのではなく、言語によって分節化された自然、言いかえるならば、文化的なシンボルの網の目をかぶせられた「第二の自然」のなかに生きていると言ってよいであろう。

　ところで、人間が進化の過程において、繊細な舌や喉や口蓋の運動を要する音素を使いわけることができるようになった要因とし

て、単に脳が発達
したということだ
けではなく、人間
の身体的機構がそ
れに適するように
進化してきたとい
うことがあげられ
る。ここでは詳し
く述べることはで

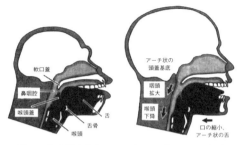

図8. 左は類人猿とアウストラロピテクス、右は現生のヒトにおける声道の相対的位置（ディーコン、前掲書より）

きないが、直立姿勢にともなって喉頭が下降したことによって口の奥の咽頭空間が拡大し、舌が咽頭腔と口腔の形を自由に調整する余地がつくりだされた（図8）。言語を可能にしたこれら諸要因の間にある関係は、お互いに原因にもなれば結果にもなりうるといった相互的なものである。したがって、たとえば、脳の発達が先なのか、直立二足歩行が先なのか、言語の発達が先なのか、ということを問うことは、あまり大きな意味をなさない。ここでは、私たちの理性を支える言語と私たちの身体性とは、デカルトが思い描いた以上の密接な関係があるということを確認しておけば十分であろう。

最後に付け加えておきたいが、人間は、道徳や社会的規範についても、言語を用いて命題的に表現できるようになった。そのことによって、単に無自覚的・無意識的に社会の決まりにしたがって生きるのではなく、その決まりそのものの正否について問うこともできるようになった。たとえば、だれかが「嘘をつくことは悪いことだ」、「狩りのときに仲間と協力することは善いことだ」と言ったと

したら、それは単に当人の感情が表出されているということではなく、自分の好悪を越えた客観的事実の存在が想定されている。したがって、その命題の真偽について議論することも可能となることであろう。

今日のさまざまな生物学的研究によれば、私たちの道徳的規範のなかには、人間が大型霊長類などの近縁の社会性の動物と共有している「道徳感情」から引き継いだものが幾分かは存在することは明らかである。たとえば、非常にベーシックな「共感の能力」や「近親者に対する献身的な愛情」などがそれである。しかしながら、人間の道徳的規範は、言語的に表現されるようになったことによって、非常に複雑化したものと思われる。そして、他の社会性の動物のなかにも見られるような利他性を越えて、ある種の自律性を獲得したと見るのが妥当であろう（コーヒーブレイク2参照）。そして、人間は自分たち自身がしたがっている道徳的規範そのものをも再帰的に対象化するようになり、倫理学という学問分野も登場した。倫理学については、本書の第4章で学ぶこととなる。

問題①　私たちが「私」という意識（自己意識）をもつ上で、私たちの身体性は何らかの役割を果たしているのであろうか。果たしているとした場合、それはどのようなものであろうか、考えてみよう。

問題②　人間におけるイコンやインデックスの例をあげてみよう。また、他の動物のコミュニケーションのうち、シンボルを使用していると思われるものがあれば、あげ

てみよう。

問題③　話している言語が違えば、世界を見る見方も異なると言われることがある。また、それぞれの国民（民族）の世界を見る見方が、それぞれの言語に反映されていると言われることもある。このような例として、どのようなものがあるであろうか。あなたが学習している外国語と日本語とを比較しながら、考えてみよう。

参考文献
第1節
・アリストテレス『アリストテレス全集3 自然学』（出隆・岩崎允胤訳）、岩波書店、1968年
・山本光雄『アリストテレス―自然学・政治学』、岩波新書、1977年
・山内勝利 編『哲学の歴史 第1巻 哲学誕生【古代Ⅰ】』、中央公論新社、2008年
・デカルト『方法序説 ほか』（野田又夫・井上庄七・水野和久・神野慧一郎訳）、中公クラシックス、2001年
・デカルト『省察・情念論』（井上庄七・森啓・野田又夫訳）、中公クラシックス、2002年
・谷川多佳子『デカルト『方法序説』を読む』、岩波現代文庫、2014年
・小林道夫 編『哲学の歴史 第5巻 デカルト革命【17世紀】』、中央公論新社、2007年
第2節
・アリストテレス『アリストテレス全集7 魂について・自然学小論集』（中畑正志・坂下浩司・木原志乃訳）、岩波書店、2014年
・アリストテレス『アリストテレス全集9 動物誌 下』（金子善彦・伊藤雅巳・金澤修・濱岡剛訳）、岩波書店、2015年
・マックス・シェーラー『宇宙における人間の地位』（亀井裕・山本達訳）、白水iクラシックス、2012年
・金子晴勇『マックス・シェーラーの人間学』、創文社、1995年
・ユクスキュル／クリサート『生物から見た世界』（日高敏隆・羽田節子訳）、岩波文庫、2005年
・松沢哲郎『進化の隣人 ヒトとチンパンジー』、岩波新書、2002年

第3節
・M・メルロー＝ポンティ『知覚の現象学1』（竹内芳郎・小木貞孝訳）、みすず書房、1967年
・M・メルロー＝ポンティ『知覚の現象学2』（竹内芳郎・木田元・宮本忠雄訳）、みすず書房、1974年
・木田元『メルロ＝ポンティの思想』、岩波書店、1984年
・テレンス・W・ディーコン『ヒトはいかにして人となったか──言語と脳の共進化』（金子隆芳訳）、新曜社、1999年
・渡辺茂編『ことばと心の発達 第3巻 心の比較認知科学』、ミネルヴァ書房、2000年
・松沢哲郎『チンパンジーの心』岩波現代文庫、2000年
・アンドレ・マルティネ『一般言語学要理』（三宅徳嘉訳）、岩波書店、1972年

第 2 章　心の哲学—思考・身体・人工知能—

　「人間とは何か」。この問いに対し「人間とは〜である」と答えることは簡単ではない。もちろん、そのような試みは、これまでもさまざまな仕方でなされてきた。「ホモ・サピエンス〔＝智恵をもつヒト〕」、「ホモ・ロクエンス〔＝言葉をもつヒト〕」、「ホモ・シグニフィカンス〔＝記号を用いるヒト〕」、「ホモ・ナランス〔＝物語るヒト〕」等々、〈 homo 〜 〉という呼称により規定される人間観の多様さを見れば、それは明らかであろう。だが、人間がもつ特定の性質によって、人間の本質を定義しようとしても、実際の人間像はたえずそれをはみ出してしまう。

　それゆえ以下では、「人間とは何か」という問いではなく、「人間とは何でないか」という問いを立て、それに答えることを試みたい。「人間とは〜でない」と否定的に定義することにより、人間の本質を逆照射することができるはずだからである。

　さてその場合、私たちは具体的にどのような問いを設定すればよいのか。つまり、「人間は○○でない」という命題の空欄に、どのような概念を代入すればよいのか。こうした命題が意味をもつためには、それは、人間とのあいだに一定の類縁性をもちつつ、同時に、その差異性を完全には消し去ることができないような、そうした種類の存在概念でなければならない。それでは、「人間は○○でない」という命題の空欄に代入する意味のある概念は何か。もっと

も有力な候補は「動物」あるいは「機械」であるように思われる。

　本章では、主題の関係上、人間と動物ではなく、人間と機械とを比べてみることにしたい。というのも、「人間は機械でないか」と問うことにより、第一に、人間と機械との異同を明らかにし、両者の近さと遠さを確定することができるからである。第二に、そうすることにより、「人間とは何か」という問いに間接的に答えることができるからである。

第1節　機械は考えることができるか？

(1) チューリングテスト

模倣ゲーム　あなたは「チューリングテスト」という言葉を聞いたことがあるだろうか。これは数学者のアラン・チューリング（1912-1954）が 1950 年の論文「計算機械と知性」で提案した思考実験のことである。ここで彼が考察しようとしたのは「機械は考えることができるか」という問題である。チューリングは、この問題に答えるために「機械」や「考える」という語の日常的な用法を分析してもうまくいかない、と考えた。

彼は、こうした語を定義するかわりに、まず「模倣ゲーム（imitation game）」と呼ばれるテストを行うことを提唱する。これは、男性（A）、女性（B）、質問者（C）——男女どちらであってもよい——の3名によって行われる一種のパーティ・ゲームである。質問者（C）は、他の2人とは別の部屋におり、彼らがどのような人であるかを知らないが、テレタイプを介して文字会話でやりとりすることができる。パソコンの端末の前にすわってチャットをすると言ってもよい。このとき、質問者の問いかけに対し、女性（B）は女性として返答する。それに対し、男性（A）は女性であるふりをして返答する。質問者がこの会話の終わりに、どちらが男性でどちらが女性かを判定し、性別を正しく当てること、これが第一の模倣ゲームのルールである。

さて、このルールを少し変え、男性（A）が「計算機械」（X）と入れ替わった場合について考えてみよう。今度は、質問者（C）

の問いかけに対し、女性（B）は人間として返答する。それに対し、機械（X）は人間であるふりをして返答する。そのために、機械は嘘をついてもよい。機械との文字会話において、質問者は、自分が会話している相手が人間なのか、機械なのかを判定しなければならない。これが第二の模倣ゲームであり、今日では「チューリングテスト」と呼ばれている。

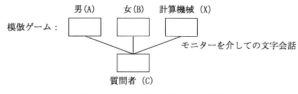

図1・1　チューリングテストの構造

　第一の模倣ゲームでは、質問者（C）が文字会話を介して、対話者である男（A）と女（B）の違いを区別しなければならない。しかし、第二の模倣ゲームでは、質問者（C）は文字会話を通して、対話者である人間（B）と機械（X）の違いを判定することがめざされる。それでは、チューリングはなぜこのようなテストを導入したのだろうか。それは、先にも触れたように、「機械は考えることができるか」という問いに答えるためである。すなわち、第二の模倣ゲームとしての「チューリングテスト」をパスするような計算機械が存在するならば、その機械は「思考することができる」とみなしてよい、ということを提案するためだったのである（チューリング、2012、8-17頁）。

チューリングテストの実践　チューリングテストに実際に合格するような計算機械は当初は存在しなかった。しかし、その後のコンピュータの飛躍的な進歩にともなって、機械がこのテストにパスできるのではないかという期待が高まってきた。たとえば、そうした試みの1つに「ローブナー賞コンテスト」がある。これはチューリングテストをはじめて具体化したものであり、1991年より毎年実施されている競技大会である。ただし、ローブナー賞は、チューリングが提唱した模倣ゲームを厳密に行うコンテストではなく、「限定されたチューリングテスト」とでも言うべきものだ。

　この競技大会では、本来のチューリングテストと異なり、以下のような2つのルールが新たに課されることになる。① 話題の制限：質問者および対話者ともに、会話のトピックが厳しく制限される。第1回大会のトピックは、「風変わりな会話」「ドライ・マティーニ」「シェイクスピア」「ロマンティックな出来事」といったものであった。② 方針の制限：質問者が対話者と会話する際、対話者を引っかけるような「トリッキーな」言語使用をしてはならず、自然な会話を努めてするよう制限される。これらのルールが導入されたのは、現実のコンピュータは、本来のチューリングテストにパスするだけの性能をもっていなかったから、つまり、これらの制限を課さなければ、コンテストを成立させることができなかったからである。

　ローブナー賞は以下のような仕方で決められる。質問者は、下の図にあるように、対話者の端末（A〜G）に応じて、〈もっとも人間らしくないもの〉から〈もっとも人間らしいもの〉へと順位づけ

（1〜8）を行い、コンピュータだと思われる対話者と人間だと思われる対話者とのあいだに、両者を分ける線を引く。下の図の場合、線はCとFのあいだに引かれている。つまり、この判定では、3つの端末（F、H、G）が人間であると判断され、それ以外の端末はコンピュータとみなされた、ということである。そして、対話者のうちから、もっとも人間らしいとみなされたコンピュータのプログラムが優勝者となるのである。

もっとも人間らしくない	1	2	3	4	5	6	7	8	もっとも人間らしい
	B	A	E	D	C	F	H	G	

図1・2　パソコン端末の順位

　チューリングテストの実践として、近年話題になった試みとしては、チューリング没後60周年を記念して2014年に英国のレディング大学で開催された「チューリングテスト2014」がある。このコンテストは、ローブナー賞とは違って特に制限を設けていない点で、チューリングが提案したテストを忠実に行おうとしたものである。そして、ロシアとウクライナの研究チームが開発したプログラム「ユージーン・グスマン（Eugene Goostman）」がこのテストをパスして優勝したことで注目を浴びた。「ユージーン」は、ウクライナ在住の英語を母語としない13才の少年で、ネイティヴな英語を使えないという設定となっていた。当初、このプログラムは、はじめて本来のチューリングテストをパスしたAIである、と報道された。だが、その後の専門家の検証によって、厳密な意味でテスト

をパスしたとは言えない、これは単なるチャット・ボットにすぎない、という意見が有力となった。ネイティヴな英語を使えない13才の少年という設定は、ローブナー賞の場合と同様、質問者の判断に影響を与えるある種の「制限」にほかならない、と考えられたからである。

機能主義という前提　こうしてみると、現時点では本来のチューリングテストをパスした計算機械は存在しない、と言ってよい。しかし、いつかはテストに合格する機械（プログラム）が出現することになるだろう。そのとき、この機械は「考えることができる」とみなしてよい、というのがチューリングの提案である。

以上のようなチューリングの主張の前提となっているのは、「機能主義（functionalism）」という考え方である。これは、感覚、欲求、思考などの各タイプの心的状態は、「機能（function）」── 感覚入力（たとえば「指を針で刺す」とか「犬に吠えられる」など）と、それに応じて生じる行動出力（指を刺されて「痛い」と叫ぶ）や、入力に引き続いてもたらされる心的状態（犬に吠えられて「犬は恐い」と信じる）との因果関係──によってのみ決まるのであり、機能が同じであれば、それを実現するのが生化学システム（脳）であれ、物理工学システム（コンピュータ）であれ、心的状態としては同じである、とみなす考え方である（チャーチランド、2016、71-72 頁）。

しかし、機能主義は正しいのだろうか。そして機能主義に基づいて、チューリングテストにパスできれば、その機械は本当に「考えることができる」と言ってよいのだろうか。こうした主張に反対す

るために、哲学者のジョン・サールは「中国語の部屋」という有名な思考実験を案出した。以下では、その内容を確認することにしよう。

(2) 中国語の部屋

「中国語の部屋」とは何か　サールは、1980年に発表された「心・脳・プログラム」という論文や1984年のBBCリース・レクチャー『心・脳・科学』において、「中国語の部屋（Chinese Room）」という思考実験を提唱した。彼は考察を始めるにあたって、「機械は考えることができるか」というチューリングの問いを、「ディジタル・コンピュータは考えることができるか」という問いへと読み替える。その上で、AI（人工知能）についての2つの立場、すなわち、「弱いAI」と「強いAI」との区別を問題にする。「弱いAI」とは、コンピュータは「心の研究における強力なツール」であり、「より厳密で正確な仕方で仮説を定式化しテストすることを可能にする」という主張である。サールは「弱いAI」については何の異論もないと言う。それに対し、「強いAI」によれば、コンピュータは「心の研究におけるツール」であるだけではない。この立場では、「脳はディジタル・コンピュータそのもの」であり、「心はコンピュータのプログラムそのもの」である。要するに、「心と脳との関係はプログラムとハードウェアとの関係と同じである」ということが主張される（サール、1992、178-179頁。サール、1993、28-29頁）。これは先に見た機能主義と同様の考え方であると言える。

　サールは「強いAI」の主張を批判しようとした。そのために彼

が行った議論は「〈中国語の部屋〉論法（The Chinese Room Argument）」と呼ばれている。それは次のようなものである。

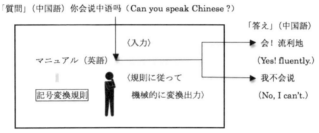

図1・3　中国語の部屋

　あなたが部屋の中に閉じ込められているとする。その部屋には中国語の記号が入ったバスケットがいくつかある。あなたは中国語をまったく理解できないが、その部屋にはまた、中国語の記号を操作するための規則を、あなたが理解できる英語で記したマニュアルも置いてある。マニュアルには中国語の記号を操作する仕方が、まったく形式的に、つまり、統語論的に定めてある。この部屋に「質問」と呼ばれる中国語の記号列が送り込まれてくる。そのときあなたは、マニュアルに従って、「答え」と呼ばれる中国語の別の記号列を生成し、それを部屋の外へ送り出さなければならない。あなたの記号操作能力が非常に卓越したものとなり、こうした作業をコンピュータと同じくらい素早く、しかも、中国語を母語とする人の「答え」と区別できないくらい正確に行なえるようになったとする。そのような場合、あなたは中国語を理解していると言えるだろうか（サール、1993、34-35頁）。

「中国語の部屋」論法の結論　以上の思考実験で問われているのは、意味はまったくわからないまま、記号変換マニュアルに従って機械的かつ正確に、中国語の入力に対して中国語の出力を行っている機械は、「中国語を本当に理解していると言えるのか」ということである。そして、このような問いに対し、サールは「否」と答えることになる。それはなぜかと言えば、コンピュータは統語論をもつが、意味論をもたないからである。

　ここで言う「統語論（syntax）」とは、〈記号〉と〈記号〉の相互関係、すなわち、〈語〉と〈語〉を組み合わせて〈文〉を生成する規則のあり方を確定する言語分析の一分野である。統語論の水準では、語から構成された文が「有意味」であるか、「無意味」であるかが問題になる。それに対し、「意味論（semantics）」とは、〈記号〉と〈それが指示するもの・こと〉との関係、すなわち、〈語〉と〈事物〉、〈文〉と〈事態〉における指示関係を確定する言語分析の一分野である。意味論では、ある語が特定の対象を実際に指示するのかしないのか、ある文が特定の事態を本当に指示するのかしないのか、が問われることになる。つまり、意味論の水準では、どのような場合に文が「真」となり「偽」となるのか、その違いが問題にされるのである。

　こうした言葉の意味を踏まえた上で、「中国語の部屋」論法の結論を確認しておくことにしよう。ここではサールの議論をさらに簡潔に整理した柴田によるまとめを引いておく。

前提

(1)　統語論は意味論を生むには不十分である。

(2)　コンピュータのプログラムはその形式的構造、すなわち統語論的構造のみによって完全に定義される。

(3)　心は心的内容、とりわけ、意味論的内容をもつ。

結論

(4)　いかなるプログラムも、それだけではシステムに心を与えるのに不十分である。要するに、プログラムは心ではないし、またそれだけでは心をもつのに十分ではない。

(柴田、2001、87-88 頁。サール、1993、46-52 頁)

以上の議論の結論は、要するに、コンピュータは中国語の部屋の中にいる人間のようなもので、外から見れば中国語を理解しているように見えても、実際には中国語を理解していない、というものである。

「中国語の部屋」論法への反論　「中国語の部屋」論法が正しいとすれば、チューリングテストや、その前提としての機能主義は無効である、ということになろう。しかし、この論法に対しては、さまざまな反論がなされてきた。ここでは代表的な 2 つのタイプの反論に触れておくことにしよう。

第一は「システム説からの応答」である。「中国語の部屋」では、部屋の中の人は、中国語の記号を形式的に変換しているだけだから、中国語を理解していない、と主張される。けれども、実際に中国語を理解するのは、記号変換システムの部分としての人ではな

く、システム全体としての部屋なのではないのか。すなわち、チューリングテストをパスするコンピュータに対応するのは、部屋の中で記号を操作する人ではなくて、中国語の出入力を行う部屋全体ではないのか。これが「システム説」から見た反論である。こうした立場からすれば、部屋の中の人が中国語を理解しないからと言って、部屋全体が中国語を理解していないとは言えないことになる。それは、コンピュータの一部である中央処理ユニット（CPU）が記号操作の意味を理解しなくても、コンピュータ・システム全体が正確な記号操作を行うことができるのと同様である（サール、1992、187頁）。

　第二は「ロボット説からの応答」である。この反論は「中国語の部屋」論法を基本的には認めるので、コンピュータだけでは中国語を理解できないと考える。なぜなら、コンピュータは、意味論をもっていないからである。それでは、機械が考えることができるためには、どうすればよいのか。意味論をもたせればよいということになる。そのためにはコンピュータに、世界の中で活動し対象や事態を指示するための、ロボット身体を与える必要があるのではないか。たとえば、「リンゴ」という語の意味が本当に理解できるためには、それを見たり、触れたり、食べたりすることで、〈リンゴ〉という対象と関与し、それを世界の中で指示することができなければならない。それゆえ、外界の出来事を入力する装置（感覚器）と外界に働きかける出力装置（実行器）をそなえたコンピュータが、そのロボット身体によって、刺激に反応し、環境に適応し、事物を扱うことができるのであれば、中国語を理解することができると

言ってよいのではないか。これが「ロボット説」にもとづく反論である（サール、1992、193-194 頁）。

(3) 記号接地問題

中中辞典のメリーゴーラウンド　サールは、以上のどちらの反論も退けているが、ここではその議論の詳細は省略する。以下では「中国語の部屋」論法を踏まえてスティーヴン・ハルナッドが提案した「中中辞典のメリーゴーラウンド」の比喩について見てみよう。

ハルナッドは、「記号接地問題」という論文の中で、「ロボット説」が指摘した問題を、独自の仕方で検討している。そのために彼が行う思考実験は次のようなものである。

> …あなたは第二言語として、中国語を学ばなければならず、あなたがもっている情報源は、中中辞典（Chinese/Chinese dictionary）〔＝中国語の意味を中国語で定義した辞書〕だけだとしよう。辞書によるメリーゴーラウンドのこの旅は、ある無意味な記号列（定義する語句）から別の記号列（定義される語句）へと果てしなく続くのであって、何らかの意味が確定した地点で止まることは決してない。（Harnad, 1990, 2・2）

この設定の特徴は、部屋に置いてある記号変換マニュアルが、部屋の中の人が理解できる英語ではなく、その人がまったく理解できない中国語だけで書かれている、という点にある。その際、部屋の

外から入力された中国語の文に対して、中にいる中国語を理解できない人が、中中辞典を使って変換操作を試みたとしても、出力すべき中国語の記号列を確定できないので、中国語の文はいつまでたっても出力されない。それはあたかも、その人が「中中辞典のメリーゴーラウンド（The Chinese/Chinese Dictionary-Go-Round）」に乗って、いつまでも回っているようなものだ、というのである。この思考実験には、さらに次の段階がある。

　…あなたは第一言語〔＝母語〕として、中国語を学ばなければならず、あなたがもっている情報源は、中中辞典だけだとしよう！　これは、純粋に記号的な心のモデルが直面する現実の課題により近い。すなわち、どうすればあなたは〈記号から記号へのメリーゴーラウンド（the symbol/symbol merry-go-round）〉を降りることができるのか。どうすれば記号の意味はより無意味な諸記号とは別の何かに接地される〔＝結びつけられる〕（be grounded）ことができるのか。これが〈記号接地問題（symbol grounding problem)〉である（Harnad, 1990, 2・2）

このようなことは、子供が母語を学習するとき、実際におこる現象である。生まれてきたばかりの子供は、まだ言語を習得していないのだから、辞書を用いて新たに言葉を学習することはできない。にもかかわらず、子供はちゃんと言葉を使えるようになる。そして、次第に母語のための辞書（日本語であれば国語辞典〔＝日本語／

日本語辞書〕)を使いこなせるようになる。子供はなぜ「記号から記号へのメリーゴーラウンド」に乗ったり、降りたりできるようになるのだろうか。

記号接地問題への対応　こうした問題は、ハルナッドによって「記号接地問題（シンボルグラウンディング問題）」と呼ばれた。上の引用で言われている「純粋に記号的な心のモデル」とは、統語論的な記号の操作だけで、記号の意味理解に達することができるとする、古典的 AI 観（ハルナッドは「記号主義（symbolism）」と呼ぶ）を指している。だが、「中国語の部屋」論法の結論において指摘されたように、「統語論は意味論を生むには不十分」である。それでは、AI が「記号から記号へのメリーゴーラウンド」を降りて、意味論をもつためには何が必要か。

　脳であれコンピュータであれ、あるシステムが操作する記号列が、形式的で統語論的なものに留まらず、意味論的に有意味なものになるためには、記号列はそれが指示する外界の対象に「接地〔＝結合〕（ground）」されなければならない。人間は、こうした記号接地を、子供のうちから行うことができる。したがって、コンピュータによる記号接地を可能にする条件を明らかにするためには、人間行動に伴うこうした能力を分析すればよい。具体的に、ハルナッドが注目するのは、人間が外界の対象を「区別」し、「同定」する能力である（Harnad, 1990, 3・1）。

　まず、「区別する（discriminate）」ことができるとはどういうことか。これは、私たちの感覚入力（視る・聴く・触る等）において、「2つの入力が同じであるか異なるか」を判断できることであ

り、もし異なるのであれば、「それがどの程度異なるのか」を判断できること、を意味している。ハルナッドによれば、この能力は「アイコン的な表象（iconic representations）」——感覚入力によって私たちの内部で変形される対象に類似したイメージ——に依存している。「区別」は、2つのものの類似性を識別することだから、相対的な判断である。

　それに対し、「同定する（identify）」ことができるとは、ある「名前」を感覚入力に割り当てることができること、そして、そうした入力から「不変な（invariant）」特徴を抽出し、それを何らかの分類枠のうちに位置づけることができること、を意味する。このように選択された感覚入力の「不変的な特徴」は「カテゴリー的な表象（categorical representations）」と呼ばれている。「同定」は、「特定の入力が特定のカテゴリーのメンバーであるかどうか」を告げることなので、絶対的な判断である。

　これらの能力の違いを明確にするために、「ウマ」という記号について考えてみよう。複数のさまざまな〈ウマ〉を見るとき、それらがどのくらい似ているのか、似ていないのかを判断するのは、「区別」の働きである。それに対し、一頭の〈ウマ〉を見るとき、それを「ウマ」と呼ぶのが正しいのか、それとも「ロバ」と呼ぶのが正しいのかを判断するのは、「同定」の働きである。以上のような「区別」と「同定」の能力によって、私たちは名前をその表象に結びつけ、さらに、そこから複合的な表象を作ることができる。ハルナッドの挙げる例は以下のようなものである。

(1) 「ウマ」という名前は、経験から学ぶことで、アイコン的な表象とカテゴリー的な表象によって〔外界の対象に〕接地される〔＝結びつけられる〕、と仮定しよう。そして、これらの表象は、感覚からの投射〔＝入力〕にもとづいて、さまざまな〈ウマ〉を確実に区別し、同定する、と仮定しよう。

(2) 「シマ模様」〔という言葉〕も同様に接地される、と仮定しよう。さて、それに続くカテゴリーは、そのカテゴリーにどのようなメンバーが含まれるのかを記号的に記述するだけで、〔記号の接地がなされた〕これらの基礎的なカテゴリーから構成されうる、と考えてみよう。

(3) 「シマウマ」＝「ウマ」＆「シマ模様」

(Harnad, 1990, 3・3)

　少しかみ砕いて説明しよう。仮に「シマウマ」を一度も見たことがない人がいたとする。だがその人は、動物の〈ウマ〉や図柄としての〈シマ模様〉なら、見たことがある。つまり、その人は「ウマ」という言葉を、現実の〈ウマ〉と結びつける（接地する）ことはできているし、「シマ模様」という表現を、実際の〈シマ模様〉に結びつける（接地する）こともできている。だからこの人は、「シマウマというのはシマ模様のあるウマだ」という説明を聞けば、「シマウマ」についての「記号的な表象 (symbolic representations)」が形づくられるので、その語がどんな対象を指すのかを、すぐに理解することができる。なぜならこの語は、「ウマ」という語と「シマ模様」という語の意味（つまり「接地 (grounding)」

の働き)を、それぞれ引き継いでいるからである。

　人間は、以上のような形で、記号接地問題をクリアすることができる。しかし、同じことを機械にさせようとしても、これまでのAIにはそれができなかった。つまり、AIは統語論的な水準で形式的に記号を操作し、「シマウマというのはシマ模様のあるウマだ」と記述することはできても、意味論的な水準で、「ウマ」や「シマ模様」という記号を、動物としての〈ウマ〉や図柄としての〈シマ模様〉と結びつけ、接地させるということができなかった。結局、AIが記号接地問題に対応することができるためには、「アイコン的な表象」にもとづく「区別」の能力や、「カテゴリー的な表象」にもとづく「同定」の能力を、コンピュータに付与しなければならないだろう。

　そのためには、コンピュータに、外界の出来事を入力する装置(感覚器)と外界に働きかける出力装置(実行器)をそなえた、ロボット身体を与えることが必要だという主張もなされてきた。次節では、そうした「身体性」を重視するロボット研究のアプローチにおいて、どのような議論がなされてきたのかを確認することにしたい。

　問題①　「中国語の部屋」論法におかしい点はないか、考えてみよう。
　問題②　現代のAI研究は、「記号接地問題」をどう捉えているか、調べてみよう。

コーヒーブレイク 1

デカルトのフランシーヌ人形

　作家の澁澤龍彥は、「人形愛　あるいはデカルト・コンプレックス」と題されたエッセイの中で、『人間機械論』の著者ラ・メトリに触れて、こう言っている。ラ・メトリの唯物論は、「人間はあくまで一つの機械であるけれども、機械もまた、一つの人間的存在になり得る可能性があるにちがいない、という形而上学的な夢」を暗示している、と。そして、こうした夢に憑かれた「多くの科学者や哲学者や詩人が、いわゆる自動人形（アンドロイド）を空想し、ロボットを創造せんとした」とつけ加えている。

　「人間は機械である」という「人間機械論」を裏返すと、「機械もまた人間的存在である」という「人形愛」になる。澁澤は、この「人形愛」という心性を、ギリシア神話に登場するピュグマリオンの物語を踏まえて、「ピグマリオニズム」と呼んでいる。キプロス王で女性嫌いのピュグマリオンは、自ら作った象牙製の女性像に恋をしてしまい、それを妻としたとされているからである。

　澁澤は、このような「人形愛」コンプレックスの典型を、哲学者デカルトのうちに見出している。デカルトにはフランシーヌという娘がいたが、彼女は5歳のときに病で死亡する。その死を深く悲しんだデカルトは、「一個の精巧な自動人形をつくらせ、これを『わが娘フランシーヌ』と呼んで愛撫した」というのである。彼が、愛娘の喪失を「人生で最大の痛恨事だ」と嘆いたことは事実であろう。だがそのために、デカルトが少女人形フランシーヌを作った、という挿話はどうやら後世

の伝説らしい。動物は魂を欠くゆえに機械にすぎないとデカルトが主張したのであれば、魂を吹き込んだ自動人形を人間とみなしてもおかしくない。そのように考えた誰かが、後にこうした伝説を創作したのだろうか。

第2節　機械は身体をもてるか？

(1) ロボットの身体

人間そっくりのロボットを作る　前節では、「中国語の部屋」や「記号接地問題」といった議論を通じて、「機械が考えることができる」と言えるためには、統語論的な記号操作を素早く正確に行うことができる AI だけではなく、意味論的な水準で世界内の事物や事態を指示できる身体が必要である、ということを確認した。そこで本節では、そうしたロボット身体に関する研究において、現在、どのような人間型ロボット（アンドロイド、ヒューマノイド）が作製され、そこから何が明らかになってきているのかを瞥見することにしよう。

チューリングテストをロボット身体のレヴェルで行えるようにするためには、ロボットの外観や動作をなるべく人間に近づけることが必要となる。そのような人間に酷似したロボットの研究としては、石黒によるものが有名である。彼が行おうとするのは、「人間と関わるロボット」の研究である。その研究の中心課題は、「人間と関わる機能」を作ること、すなわち、「人間とロボットの相互作用（human robot interaction）」を可能にするメカニズムを構築することにほかならない（石黒、2009、19頁）。

石黒の研究が哲学的にみて興味深いのは、それが「人間の理解」を基本的なテーマとしているからである。そのために、人間になるべく近い見かけをもつアンドロイドを製作し、それを「鏡」あるいは「メディア」として、人間のあり方を逆照射しようとするのであ

る。実際に作られたロボットは多岐にわたるが、さまざまな改良を重ねてより人間に近いアンドロイドが作製されるようになってきている。その中で代表的なものは、石黒自身のアンドロイドとして作られた「ジェミノイド（Geminoid）」であろう。「ジェミノイド」とは、ラテン語で「双子」を意味する〈gemini〉と「形状・形態」を意味する〈id〉を組み合わせて造った語であり、自分とそっくりな「双子型アンドロイド」という意味をもつ。

石黒は、自分をモデルにした理由について、① それまで作ってきた女性ロボットではなく、男性ロボットを作った方がよかったから、② 十分な性能をもつアクチュエータ（超小型モータ）を、可動部分に埋め込むことができる大きな体が必要だったから、③ 自分がモデルになれば、いつでも比較実験ができるから、④ 自分のアンドロイドに対し、自分がどう感じるかを確かめたかったから、⑤ 自分のアンドロイドを作れば、かわりに授業や講義をしてくれないかと期待したから、と述べている（石黒、2009、79-82 頁）。

石黒のアンドロイドは、自律運動型ではなく、遠隔操作型である。自律型を可能にする AI は未完成なので、ロボットの外見や動きを人間に近づけることに特化する、という方針を採用している。具体的には、触覚・視覚・聴覚などに関するセンサをロボットの内部や周囲に配することで、環境からの情報をモニターしつつ、他の部屋にいるオペレータがアンドロイドを動かす、という仕方で操作が行われるのである。

不気味の谷という現象　ロボット身体のあり方を人間になるべく近づけようとするとき、問題になるのは「不気味の谷（The

Uncanny Valley)」という現象である。これは、ロボット工学者の森政弘が1970年に提唱した概念で、ロボットの外観を人間に近づける過程で、ロボットに対して人間がいだく親和感に、谷のような関係が生じることを表わした仮説である。

下の図2・1は、「不気味の谷」がどのように出現するのかを、〈ロボットの人間への類似度〉と〈人間がロボットに抱く親和感〉との相関関係として表現している。この関係において、ロボットであれ人形であれ、人間との類似度（横軸）が一定の水準を越えると、親和感（縦軸）が急激に低下する（不気味の谷に落ち込む）という現象が見られる。

ここでまず、実線に注目してみる。これは、「動き」のない物体の類似度が上がると、親和感がどう変わるかを示したものである。人間とはまったく異なる外観の「工業用ロボット（industrial robot）」は、原点の近傍に位置づけられる。類似度も低く、親和感もないからである。それに対し「ぬいぐるみ（stuffed animal）」の場合は、機能よりも外見に重点がおかれているため、動物や人間に似た見た目をもっている。類似度が上がるにつれて、親和感も高まるわけである。しか

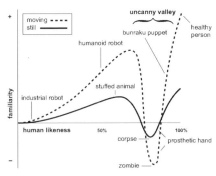

図2・1　不気味の谷の出現構造
（Mori, 1970, p. 33）

し、「死体(corpse)」となると、見た目は人間そのものであるが、顔も青ざめ体も冷たくなる。そのため、親和感が急に低下して、不気味の谷に落ちてしまう。蝋人形の不気味さも同様だと思われる。そしてまた、不気味の谷を越えていくにつれて、「通常の人形(ordinary doll)」から「能面の翁(*Okina* mask)」へと親和感が高まる、と考えられている。

次に、点線の方を見てみよう。こちらは、「動き」のある存在の類似度が増すにつれて、親和感がどう変化するのかを示すものである。直観的に言うと、「動き」は親和感の高低を増幅する働きをもつようである。上で見た「工業用ロボット」は、人間との類似度が低いのだが、動くようになると、動かない場合に比べて、多少親和感が増す。さらに、頭部が1つ、手足が2つずつ、そして胴体がある「人間型ロボット(humanoid robot)」になると、ヒトに過度に似すぎないかぎりで、人形よりもカワイイと感じられる。しかし、ヒトへの類似度をさらに高めたものの、完璧にそっくりであるとは言えないようなロボットの場合、「動き」のないものよりも急激に不気味の谷に落ち込んでしまう。もっとも不気味なものは「動く死体(living dead)」としての「ゾンビ(zombie)」である。そうした不気味の谷を越えて、動く人形としての「文楽人形(*Bunraku* puppet)」では親和感が増大し、それがもっと高まるのは「健康な人(healthy person)」の場合だ、というのである。

アンドロイド・サイエンス 以上の仮説において、なぜ不気味の谷という現象が生じるのか、その理由はいまのところわかっていない。だが、どうすれば不気味の谷を克服できるかは、アンドロイド

を用いた実験研究から明らかにされつつある。このような実験を通して「人間らしさの探究」を行う科学は、一般に「アンドロイド・サイエンス」と呼ばれている。

　先にも見たが、石黒が作製したアンドロイドは、いくつかの段階を経て人間への類似度を高めてきている。たとえば、彼の娘が4歳のときに彼女をモデルにして作った「Repliee R1」は、外見上はモデルに似たものであったが、胴体の動きがきわめて不自然であったため、非常に不気味に感じられたという。その後、成人女性をモデルにして作られた「Repliee Q2」は、見かけの類似度が向上した上に、身体各部のアクチュエータを増やして、表情や身体の動きを改善したので、不自然さが軽減されて親和性はかなり高まったという。これらの実験からわかってきたのは、不気味の谷を克服するためには、「人間らしい見かけには人間らしい動きを」与えることが重要だ、ということである（石黒、2009、56-65頁）。

　同様のことは、別の実験からも確かめられている。板倉は、以上の女性アンドロイドを使って、一種のチューリングテストのような実験を行った。異なる条件のもとで、人間とアンドロイドを被験者に一瞬（1秒または2秒）だけ見せて、それが人間なのかアンドロイドなのかを判定してもらう、という実験である。対象を提示する際の条件は以下の3通りであった。(a) まったく動かないアンドロイドを見せる、(b)「動き（無意識的微少動作）」を入れたアンドロイドを見せる、(c) 実際の人間を見せる。実験の結果、明らかになったのは、人間とアンドロイドをこうした条件のもとで区別しようとするとき、人間らしさを規定する「動き」の要素が、判定の結

果に影響を及ぼす、ということである。すなわち、(a) と (c) を区別することは比較的容易であったのに対し、(b) と (c) を区別することは難しかったのである。さらに、(b) における「動き」の要素としては、① まばたき、② 眼の動き、③ 首の動き、④ 胸の動き、の順で、判定に影響を及ぼすということも明らかになったという。いずれにしても、人間とアンドロイドとの自然なコミュニケーションのためには、アンドロイドの「見かけ」だけでなく、「動き」がきわめて重要な役割を果たしていることがわかったのである（板倉、2007、79-81 頁）。

(2) トータル・チューリングテスト

チューリングテストの発展型 「中国語の部屋」論法に対する反論のうち、「ロボット説からの応答」は、「中国語の部屋」論法を基本的には認めるものだった。ただし、コンピュータだけでは中国語を理解できないので、コンピュータに入力装置と出力装置を備えたロボット身体を与え、それが世界内の対象や事態を指示することができれば、中国語を理解すると言ってよいと考えるわけである。

会話の内容においても、その外観や行動においても、人間であるのか機械であるのか区別できないアンドロイドが、いつ誕生するのかはわからない。当分のあいだは実現不可能であるように思われる。しかし、いつかはそうしたものができるかもしれない。そのとき、このような機械は「考えることができる」と言えるのだろうか。

言語的な水準でも、非言語的な水準でも、人間とそっくりな機械

と直接対面して行うチューリングテストのことを、ハルナッドは「ロボット・チューリングテスト (The Robotic Turing Test)」あるいは「トータル・チューリングテスト (The Total Turing Test)」と呼び、それは「チューリングテストの完全ロボット版 (the full robot version of the Turing Test)」であると述べている。

チューリング自身が提案した模倣ゲームは、文字レヴェルの言語コミュニケーションにおける、人間と機械の区別不可能性をテストするものだった。ハルナッドによれば、チューリングテストは5分間で終わる単なるパーティ・ゲームではなく、生涯にわたって続けられるペンフレンドとの手紙のやり取りにおいて、「相手が心をもつ」と思えるかどうかを判定するテストである。それは、比喩的に言えば、「ペンパル・チューリングテスト (The Pen-Pal Turing Test)」とでも呼ばれるべきものだ。

それに対し、トータル・チューリングテストは、音声会話における言語コミュニケーションだけでなく、表情や身体動作などの非言語コミュニケーションも含めて、人間と機械の区別不可能性をテストするものである。その意味で、トータル・チューリングテストはチューリングテストの発展型である、と言うことができる。

トータル・チューリングテストの水準　このようなテストを行う意味はどこにあるのだろう。そもそもチューリングテストは、「機械は考えることができるか」どうかを検討するために、考案されたものである。そうだとすれば、トータル・チューリングテストを行うのも、本当に「機械は考えることができるか」という問いに答えるためであるはずだ。

ジェミノイドを用いたテストは、現時点で可能な仕方で行われるトータル・チューリングテストである。だがこれは、本来の意味でのトータル・チューリングテストではない。ジェミノイドによる実験では、質問に対する応答は生身の人間によって行われるからである。トータル・チューリングテストをパスするためには、① 言語的な水準（文字会話および音声会話）だけでなく、② 非言語的な水準（身体の外観・顔や体の部分的な動き・身体全体の動作）においても、判定者が区別できないくらい人間と機械のあり方が似ていなければならない。機械においては、① はAIがコントロールするふるまい、② はロボット身体のふるまい、ということになる。しかし、ジェミノイドの実験においては、② は自動化されているものの、① は人間が遠隔操作で行っている。つまり、ジェミノイドには人間の脳に相当する自律的なAIが欠けているのである。

将来的には、今よりもずっと高度なAIがジェミノイドに実装されたアンドロイドが作製されて、人間と機械の区別不可能性は高まるかもしれない。そうすれば、より正確なトータル・チューリングテストに近づくことができるだろう。けれども、以上のような意味でのロボット・チューリングテストは、十分に「トータル（全体的）」だと言えるのか。ハルナッドは、心をもつ存在を選び出すために、より強力なテスト ── たとえば、「内的でミクロな機能にもとづく区別不可能性（Internal Microfunctional Indistinguishability）」を判定基準とするテスト ── が必要となるか否かを検討している。ここで言う「内的でミクロな機能」とは、具体的には、瞳孔の拡張・顔色の変化・心拍数の変動などを可能にする身体の内部

要因のことである。もちろん、こうした反射機能は、ロボット・チューリングテストにおいても問題になるが、ロボットの場合は、脳波を検出したり、傷ついた皮膚から出血したり、論理中枢が灰白質や白質などの有機物から構成されている、ということはない。だが、こうした水準のトータル・チューリングテストは、当初の目的からすれば重要ではないように思われる。分子神経学的な判定基準を導入すれば、人間と機械を区別することはできるかもしれないが、そのような基準は「機械は考えることができるか」という問いには関係がないからである（Harnad, 2000, p. 439-440）。

(3) ロボットは心の理論をもてるか

心の理論とは何か　「ロボット・チューリングテスト」という意味での「トータル・チューリングテスト」において、もっとも重要なのは、テストの判定者が被験者としてのアンドロイドを観察したときに、それが「どれだけ人間らしいか」あるいは「心をもつように見えるか」ということである。そのようなアンドロイドを作るためには、どういう要件をみたせば「心をもつように見える」のかを理解した上で、その要件をみたすような仕方でロボットを作らなければならないだろう。

先に見た「無意識的微少動作」にも関係することだが、こうした要件に関する分析として「心の理論」という研究分野がある。「心の理論（Theory of Mind）」とは、他者の心を理解する一貫した考え方のことで、「チンパンジーは心の理論をもつか」という1978年の論文の中で、霊長類研究者のデイヴッド・プレマックとガイ・

ウッドラフにより、はじめて提唱されたものである。「心の理論」の基本的な定義は次のようなものである。

> …プレマックらは、同種の仲間であれ他種の個体であれ、他者の行動に「心」を帰属させることを「心の理論」ということばで説明し、他者の目的・意図・知識・信念・推測・ふり・好みなどの内容が理解できるのであれば、その動物または人間は「心の理論」を持つ、と定義したのである。(子安、2000、13頁)

　ある存在が「心の理論をもつか」という問いは、その存在が「他者の心の状態がわかるか」ということを意味している。「心の理論」をもつことができる主体として、プレマックらはチンパンジーをその対象とし、そうした問いに答えを与えようと試みた。しかし、「心の理論」をもちうる主体としては、〈霊長類〉以外の存在、たとえば、〈小さな子供〉や〈自閉症児〉なども考えられるので、彼らが「心の理論をもつか」どうかについて、心理学、哲学、人工知能などの研究者も加わるかたちで、分析がなされてきたのである。子安によれば、「心の理論」における中心的な問いは、以下の4つである。

(1) チンパンジーやゴリラなどの類人猿は、他の仲間や人間の考えていることがどの程度分かるのか。
(2) 健常な子供において、「心の理論」はいつどのように発達

するのか。
(3) 自閉症児は、人の心を理解するという心のはたらきに障害があるのではないか。
(4) 機械に人間の心を理解する「心」を移植することは可能か。(子安、2000、17 頁)

　これらの問いのうち、本節の課題となるのは (4) の検討である。こうした問いに取り組む前に、そもそも「心の理論」を可能にする基本的な機構はどのようなものなのか、この点について見ておくことにしよう。

心を読むシステム　人間が他者の心を理解する普遍的な能力は、どのようなメカニズムに支えられているのだろうか。自閉症研究で有名なサイモン・バロン゠コーエンは、この問いに対する仮説として、4 つの要素から構成される「心を読むシステム」のモデルを提唱した。私たちが他者の心を理解することができるためには、次の 4 つの基礎的な能力がうまく機能することが必要である（バロン゠コーエン、2002、66-109 頁）。

　第一は、(a)「意図検出器（Intentionality Detector : ID）」である。これは自分で動くものに心を感じる能力のことである。それが物体であれ、生物であれ、外部からの力を受けずに、方向性をもって自ら動くものは、「欲求」と「目標」をもって活動する「行為者（Agent）」であると見なされる。たとえば、クレイ・アニメの場合を考えてみよう。粘土で作ったイモムシを少しずつ動かして、コマ撮りして作った動画を子供が見たとする。粘土のイモムシは実際に

は動いていない。しかし、撮影された映像の中のイモムシは動いて見える。このとき子供は、イモムシは意図をもつ行為者であり、そこには心があると考える。IDは、人間の乳幼児が他者の心を読めるようになるために不

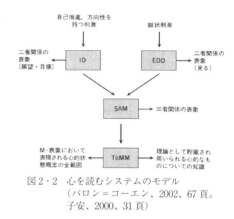

図2・2 心を読むシステムのモデル
（バロン＝コーエン、2002、67頁。
子安、2000、31頁）

可欠な、もっとも基礎的な能力である。

　第二は、(b)「視線方向検出器（Eye-Direction Detector: EDD)」である。これは他者の視線を読む能力で、3つの基本的な機能から成り立っている。すなわち、① 眼の存在や眼に似た刺激（たとえば、蛾などの羽根に見られる蛇の目模様など）の存在を検出すること、② その眼が自分に向けられているのか、他のものに向けられているのかを検出すること、③ 他者と自分とのアイコンタクトを、「行為者が私を見る（Agent see me）」あるいは「私が行為者を見る（I see Agent）」という「二項表象（dyadic representations)」として解釈すること、の3つの働きである。

　第三は、(c)「共同注意の機構（Shared Attention Mechanism: SAM)」である。SAMの重要な機能は、「三項表象（triadic representations)」と呼ばれる関係、すなわち、他者である「行為者（Agent）」と「自己（the Self）」と「第三の対象（a third Object）」

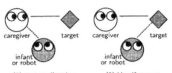

図2・3 共同注意をつくりあげる
　　　プロセス（小嶋、2000、
　　　14頁）

との関係、を形成する点にある。具体的には、共同注意における三者関係は、図2・3のような仕方で形成される。(1) まず EDD が機能して、「自己（この図では〈子供〉または〈ロボット〉）」が「行為者（この図では〈養育者〉）」の視線方向を把捉した上で、(2) 次に SAM が機能して、「行為者」の視線が向かう「第三の対象（target）」が何であるのかを同定し、「自己」もその対象を共有する、というプロセスである。

　以上の (a)・(b)・(c) 3つの能力が正常に働くことによって、第四の (d)「心の理論の機構（Theory of Mind Mechanism：ToMM）」が発動することになる。これは、他者の行動からその心の状態の総体を解釈するためのシステム、つまり、「心の理論」を運用するためのシステムなのである。

　心の理論をもつロボット　「自閉症（autism）」の子供は、他者の心を理解することが得意でない、ということはよく知られている。以上の「心を読むシステム」という観点から見た場合、自閉症児には、① 社会的な発達の異常、② コミュニケーションの発達の異常、③ ごっこ遊びの異常、などの傾向が顕著に見られるという。バロン＝コーエンによれば、彼らにとって上で見た4つのシステムのうち、(a) 意図検出器と (b) 視線方向検出器には問題がないが、(c) 共同注意の能力に著しい欠陥があるため、結果的には (d) 心

の理論に問題が生じてしまう、すなわち、他者の心を理解することを苦手とする、ということになるようだ。

ところで、こうした「心を読むシステム」をロボットに実装することは可能だろうか。小嶋は、ロボットを人間と同じ物理的・社会的環境に埋め込むために、ロボットに人間と同じような感覚運動モダリティを与え、また、人間に近いコミュニケーション能力を与えることを試みている。そのために採用された方針は、「心の理論」を運用するためのシステムを組み込んだロボットを製作する、というものである。具体的には、〈ぬいぐるみロボット Keepon〉と〈子ども型ロボット Infanoid〉が開発され、どちらのロボットも、対面した人間と「アイコンタクト」と「共同注意」ができるように設計されている。ここでは、よりシンプルな身体をもつロボット Keepon についてその機能を見ておくことにしよう。

Keepon は、高さ 120 mm の黄色い雪ダルマ型の〈ぬいぐるみロボット〉である。頭部の前面〈顔〉には、広角ビデオカメラの2つの〈眼〉とマイクロフォンの〈鼻〉がついている。シリコンゴム製の〈身体〉は、その下の黒い筒に格納されたモータにより、ワイヤを通して駆動される。動作の自由度は、うなずき・くびふり・かしげ・上下伸縮の4つであり、その組み合わせにより〈注意の表出〉と〈情動の表出〉という2つの行為を表現することができる。

〈注意の表出〉とは、頭の方向を上下左右に動かし、視線を周囲の対象に向けることである（図2・4左）。「アイコンタクト」（図2・5左）や「共同注意」（図2・5右）もこれに含まれる。〈情動の表出〉とは、注意の方向を保ったまま、身体を左右に傾けたり上

図2・4　Keeponの機能：注意表出（左）と情動表出（右）
（小嶋・仲川・安田、2008、37頁）

図2・5　keepon（アイコンタクトと共同注意）
（小嶋・仲川・安田、2008、37頁）

下に伸縮したりすることで、感情を表現するかのように動くことである（図2・4右）。

「Keeponは、ビデオカメラで捉えた画像やマイクロフォンで捉えた音に基づいて、自律的に人とインタラクションすることができる。顔検出（Haar検出器およびテンプレートマッチングによる）・対象追跡（色情報による）・環境音からのリズム抽出などの機能モジュールを目的に応じて組み合わせ、2つの表出行為を自動生成させる」（小嶋・仲川・安田、2008、37頁）。

　Keeponが、〈注意の表出〉において「アイコンタクト」と「共同注意」ができるということは、このシンプルなロボットに、先に見た「心を読むシステム」のメカニズムが実装されていることを意味する。すなわち、図2・3に示されていたように、(1)「視線方向検出器（EDD）」が作動して、「ロボット」が「観察者」とアイコンタクトを行い、「観察者」の視線方向を把捉した上で、(2)「共同注意の機構（SAM）」が作動して、「観察者」の視線が向かう「対象」が何であるのかを確定し、「ロボット」もその対象を共同注意

する、ということが可能になっているのである。

　ただし、ロボットは生物と違って「意図検出器（ID）」をもたないし、それを組み込むことも難しそうなので、「心の理論」を完全にもつロボットを作ることは、当分できないであろう。けれども、Keepon や Infanoid のように、対面した人間と「アイコンタクト」が取れ、「共同注意」もできるロボットは、それ自身心をもつとは言えないにしても、あたかも心があるかのようにふるまえる、親和性の高いエージェントである。もちろん、これらのロボットは、ジェミノイドのように「見かけ」が人間に酷似してはいないので、そのままでは「トータル・チューリングテスト」の対象にはならない。とはいえこれらのロボットは、コミュニケーションにおける「人間らしさ」を実現するために、どのような条件をみたさなければならないのか、その方向性を示していることは確かであるように思われる。

　問題①　不気味の谷はなぜ生じるのか、その理由を調べてみよう。
　問題②　人間に似たロボットを作るメリットとデメリットについて考えてみよう。

コーヒーブレイク 2

『ブレードランナー』の「フォークト=カンプフ・テスト」

1982年に公開された映画『ブレードランナー』はSF映画の傑作として名高い作品である。フィリップ K. ディックの小説『アンドロイドは電気羊の夢を見るか？』が原作であるが、ストーリーは大きく異なっている。この映画の主人公リック・デッカードは、「ブレードランナー」という専任捜査官（賞金稼ぎ）として、法に違反して逃亡した「レプリカント」と呼ばれる有機的なアンドロイドを追跡し、処理することを任務としている。レプリカントは人間とまったく見分けがつかないため、両者を区別するために行われるのが「フォークト=カンプフ・テスト（Voigt-Kampff Test）」である（映画では「ヴォイト=カンプ・テスト」と発音されているが、ここでは「フォークト=カンプフ・テスト」と呼ぶ）。

このテストは、道徳的にショッキングな質問を被験者に投げかけたとき、その身体に現われる不随意的な反射運動 —— 呼吸、脈拍、瞳孔の変化、顔面毛細血管の拡張など —— を「フォークト=カンプフ・マシーン」で計測することにより行われる。たとえば映画の中で、レプリカントかもしれない女性レイチェルに対し、デッカードは次のような質問をする。「きみは演劇を見ている。料理が運ばれてくる。客たちはうまそうに前菜の生ガキを食べている。メインの料理はゆでた犬だ」。人間に特有な「共感（empathy）」能力にゆさぶりをかけることで、被験者が人間なのかレプリカントなのかを判定するのである。これはあくまで虚構のテストであるが、レプリカントのような存在が人間と共生する

時代が到来したとき、こうしたテストが必要になるかもしれない。「フォークト＝カンプフ・テスト」は、ある種の「トータル・チューリングテスト」であると言えないだろうか。

第3節　機械は人間を超えられるか？

(1) 新しい人工知能

AI 研究の変遷　本節では、ロボット身体に実装されるはずの AI について考える。そのために、ここではまず、これまで AI がどのように発展してきたのか、その歴史を簡単にふり返っておくことにしよう。

「人工知能（Artificial Intelligence）」という語は、1956 年に開催されたダートマス会議の前年に、この会議の企画書の冒頭ではじめて使用された。チューリングによる 1950 年の論文ではまだ AI という言葉は登場せず、「計算機械（Computing Machinery）」という語が用いられていたことを思い出してほしい。

松尾によれば、現在までの AI の発展プロセスは、3 つの段階に分類することができる。

第 1 次 AI ブームが起こったのは、1950 年代後半から 1960 年代末頃までの AI 勃興期である。これは「推論・探索」の時代と呼ばれている（松尾、2015、第 2 章）。この時期に、コンピュータによる解決がめざされたのは、迷路、パズル、ゲーム（オセロ・チェス・将棋・囲碁）などの知的な課題である。初期の AI 研究はめざましい成果を上げたが、1970 年代になると停滞期に入る。この時代のコンピュータは、限定された状況における「トイ・プロブレム（おもちゃの問題）」は解けても、私たちが日常生活で直面する「現実の問題」は解けなかったからである。AI 批判で有名な哲学者のヒューバート・ドレイファス（1929-2017）が、1972 年に刊行され

た『コンピュータには何ができないか』初版、および、1979年の改訂版で批判の対象にしたのは、古典的計算主義にもとづくこの時期の「古きよきAI（Good Old-Fashioned AI：GOFAI）」であった。

　第1次AIブーム後の冬の時代を経て、第2次AIブームが到来したのは、1980年代から1995年頃までの期間である。これは「知識」の時代と呼ばれている（松尾、2015、第3章）。この時期のAIは、エキスパートシステムを用いて、現実問題を解決できるようになった。「エキスパートシステム」とは、ある専門分野の知識を入力し、推論を行うことで、専門家のようにふるまうことができるプログラムのことである。たとえば、医療、生産、会計、人事、金融など、さまざまな分野でエキスパートシステムが作られ、日常の業務遂行のために使われるようになった。だが、AI研究は1990年代半ばになると再び停滞する。エキスパートシステムは「知識表現」の問題に直面したからである。すなわちこれは、人間のもつ知識のすべてを、コンピュータが処理できる形で記述・表現して、コンピュータに入力することは不可能であるという問題である。フレーム問題や記号接地問題などに象徴される、「知識表現」をめぐるこのような困難が、新たな冬の時代を招来したのである。

　古典的計算主義からコネクショニズムへ　第2次AIブームは「第2次ニューロブーム」と呼ばれることもある。この時期に、人工ニューラルネットワークを用いたPDP（並列分散処理）モデルの研究が、大きく進展したからだ。きっかけとなったのは、多層ニューラルネットの学習法としての、誤差逆伝播法（Back Propagation）の発明である。だがこのブームは、次のような理由で、終

わりを告げることになる。第一に、誤差逆伝播法の学習は、図3・1で示されているような、3層程度の「浅い（shallow）」ネットワークではうまくいったが、それ以上「深い（deep）」多層のネットワークになると、期待した結果が得られなかったからで

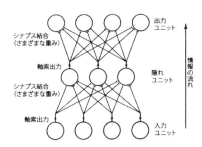

図3・1　3層構造のニューラルネットワーク
（チャーチランド、2016、258頁）

ある。第二に、ニューラルネットの階層数やユニット数など、学習のためのパラメータをどう決定すれば最適解が得られるのか、ということが理論的にわからなかったからである。こうした理由で、第2次ニューロブームは1990年代後半には終息することになる（岡谷、2015、1-2頁）。

　以上で見た第1次AIブームから第2次AIブームへの移行は、AI設計の基礎となる「心のモデル」という観点からすれば、古典的計算主義からコネクショニズムへの変転として、捉え直すことができよう。古典的計算主義とコネクショニズムは、心的過程を「表象＝特徴表現（representation）」に対する計算とみなす点で、いずれも表象主義の立場をとる。もちろん、両者のあいだには、表象をどのようなものと捉えるのかについて、大きな理解の違いがある。古典的計算主義にとって、表象とは、構文論的な構造をもつ明示的な記号列（メンタリーズ、思考の言語）を意味する。それに対し、

コネクショニズムにとって、表象は、脳をモデルとする人工的なニューラルネット上で分散的に表現される、非明示的なニューロン群の興奮パターンにほかならない。

　第2次AIブームにおいて、ニューラルネットを用いるコネクショニズムの立場は、その可能性を十分な形で発揮することができなかったと思われる。しかし、第2次AIブーム後の冬の時代を経て、さらなる第3次AIブームをもたらしたのは、ニューラルネット（あるいはそれに相当するもの）を用いた新しい機械学習の方法だったのである。

　深層学習によるブレイクスルー　第3次AIブームは2000年代後半から始まり、現在も継続中である。それは「機械学習と深層学習〔＝特徴表現学習〕」の時代と呼ばれている（松尾、2015、第4章、第5章）。それでは、「機械学習」と「深層学習」とはどのようなものか。ここで、その意味を確認しておくことにしよう。

　まず、「機械学習（Machine Learning）」の定義について。「機械学習」とは、動物や人間が経験からさまざまなことを学ぶように、機械のプログラムが外部環境と相互的に作用するなかで、いくつかの原理にもとづいて知的な計算システムを訓練し、その結果に応じて内部状態を自律的に変更できるようになる、という学習の仕組みのことである（小高、2016、7-10頁）。機械学習のシステムには、単純なものと複雑なものの2つのタイプがある。

　単純なものの例としては、キーボードで日本語を入力すると、漢字変換候補を表示する学習システムがあげられる。このシステムは、使用者が過去に選択した変換過程を記憶しておくことで、適切

な候補に序列をつけてそれを表示するように、プログラムの内部状態を自動的に更新していく。これは、非常に単純であるとしても、機械学習システムの一種ではある。けれども、この学習システムは、AIとは大きく異なったものである。AIにとって必要とされる「汎化＝一般化（generalization）」の能力を欠いているからだ。

　他方でAIは、より複雑な機械学習のシステムである。現在の機械学習システムの多くは、「汎化」能力により、これまでの学習によって得られた経験や知識を、未知の状況でも活用できるよう設計されている。たとえば、いくつかの「犬」の写真を見た上で、まだ見たことのない別の種類の「犬」の写真を見たとする。人間の場合、それが「犬」なのか「狼」なのか、判断をまちがうこともありうるが、経験を積めば、かなりの精度で両者を正しく区別することができる。つまり、人間はある程度の「汎化」能力を備えている。AIにもこうした「汎化」の能力をもたせるために、比較的近年になって開発された機械学習の手法の1つが「深層学習」なのである。

　「深層学習（Deep Learning）」という語を広めるきっかけとなったのは、ニューラルネットの代表的な研究者ジェフリー・ヒントンらによる2006年頃の

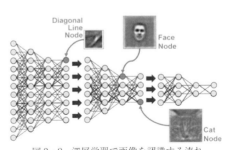

図3・2　深層学習で画像を認識する流れ
（Le et al., 2012, p. 6）

研究だと言われている。「深層学習」とは、かつては3層程度だったニューラルネットの階層をより多層化し、同時に、各階層を構成する人工ニューロンのユニット数を増やすことにより、それまで扱えなかった複雑で膨大なデータを処理することを可能にする「機械学習」の方法である（小高、2016、160-164頁）。ニューラルネットワークのモデルにはさまざまな種類があるため、それに応じて深層学習の方式も多様である。その詳細については「深層学習」の専門書にあたって頂くとして、ここではその一例を示しておくに留めよう。図3・2は、グーグルの研究者らが2012年に発表して有名になった「グーグルのネコ論文」で用いられた「深層学習」の模式図である。この研究では、AIにネコを認識させるために、ユーチューブの動画から1000万枚のネコ画像を無作為に取り出し、それをコンピュータに入力した上で、巨大なディープニューラルネットを用いて自動学習させる、ということが試みられた。図3・2が示しているのは、ディープネットの基底層（いちばん左の層）から大量の「ネコ画像」が入力されると、階層が上がる（右に行く）につれて「画像中のエッジ」、「眼、耳、鼻」、「顔の全体像」、「顔の種類」というように特徴量が高次化し、それぞれの階層で特定の特徴量にだけ選択的に反応するユニットが生成されていく、というプロセスである。このようなAIは、ネコの特徴を人間に教えられることなく、画像に内在する特徴量を自動的に抽出していくことで、「ネコの顔」という概念を自分で獲得できるようになるのである（松尾、2015、162-166頁）。

(2) AIの未来と技術的特異点

これからのAIができること　以上のような深層学習の技術が進展していくと、これからのAIは、画像認識や音声認識あるいはその他の分野において、(a)「単純な特徴量」を自分で選び出し、(b) それにもとづいて「より高次の特徴量」を抽出し、(c) さらには、その特徴量によって表現される「概念」を獲得し、(d) その概念を使って「知識」を記述できるようになる、と考えられる（こうしたプロセスは、第1節 (3) で見た「記号接地問題」の解決案を具体化する試みだ、と言えるだろう）。

それでは、深層学習の機能を備えたこのようなAIは、より具体的には、今後どのように発展し、どのような課題を遂行できるようになるのだろうか。松尾の予測によれば、これからのAI研究は、次のような順序で進展する（松尾、2015、180-192頁、図25参照）。

① 「画像特徴の抽象化ができるAI（画像認識の水準）」：画像データから、特徴表現と概念を獲得することができるようになる。画像認識の精度を上げることができる。上で見たように、これはすでに実現されている。

② 「マルチモーダルな抽象化ができるAI（マルチモーダルな認識の水準）」：動画・音声・圧力など、複数の感覚にかかわる観測データから、特徴表現と概念を獲得することができるようになる。異常の検知や行動の予測ができる。これもほぼ実現されつつある。

③ 「行動と結果の抽象化ができるAI（ロボティクスの水

準)」: 自分の行動と観測のデータから、「行動と結果」の特徴表現と概念を獲得することができるようになる。そのことにより、自律的な「行動の計画」が立てられるようになる。現在進行中の課題である。
④ 「行動を通じた特徴量を獲得できる AI(インタラクションの水準)」: 試行錯誤の連続的な行動データから、一連の行動を通じた現実世界からの特徴量を取り出すことができるようになる。「行動した結果」をふまえて、周囲の状況を認識し、適切に行動することができる。これはまだ実現されていない。④以下は今後の課題となる。
⑤ 「言語理解・自動翻訳ができる AI(シンボルグラウンディングの水準)」: 言語データにもとづいて、言語と概念をヒモづけること(記号接地)ができるようになる。
⑥ 「知識獲得ができる AI(さらなる知識獲得の水準)」: 人類が蓄積してきた大量のデータから、言語を通じてより多くの知識を獲得することができるようになる。

このような AI 技術の進展は、さらに言えば、具体的にはどのような影響を社会に及ぼすのだろうか。①から⑥までの各段階で、労働のあり方がどう変わるのか。現時点では、たとえば、以下のようなことが可能になる、と予測されている(松尾、2015、216-222 頁、図 27 参照)。

① ターゲティング広告の実現、医療における画像診断の自動

化、検索エンジンの高度化
② パーソナルロボットの普及、防犯や監視の自動化、ビッグデータ・マーケティング
③ 自動運転技術の開発、物流の機械化、農業の自動化
④ ロボットの社会進出（家事・医療・介護・受付など）
⑤ AI による翻訳・通訳の実現、EC（エレクトリック・コマース）サイトの海外展開
⑥ AI による教育・秘書業務・事務作業の支援

　以上の予測がどのくらい正確に実現されるのかは定かではない。しかし、これからの AI の進展に関して、こうしたイメージをある程度もっておくことは、人間と機械（AI やロボット）との関係がどうあるべきかを考える上で、無駄ではないだろう。
　特異点は近いのか　AI は人間を超えるのではないか。そう感じさせる出来事が、第 2 次 AI ブームが終わりを告げる頃から、いくつか起きている。最初の衝撃は、IBM のスーパーコンピュータ「ディープブルー（Deep Blue）」によって、もたらされた。「ディープブルー」は 1996 年、当時のチェス世界チャンピオン、ガルリ・カスパロフと対局し、敗北を喫する。だが、翌年の再戦では、「ディープブルー」がカスパロフに勝ち、世界を驚かせることになったのである。クイズの分野では、やはり IBM が製作したコンピュータ質問応答システム「ワトソン（Watson）」が、2011 年にアメリカの有名なクイズ番組「ジョパディ！」に出演。歴代最強のクイズ王 2 人と対戦し、見事勝利を収めた。最近の事例としては、

2015年に行われた「アルファ碁（AlphaGo）」と韓国のプロ棋士・李世ドルとの囲碁対決が、世界中の注目をあびた。それまでの囲碁プログラムはプロ棋士に勝てる水準にはなかったが、Google DeepMind社により開発された「アルファ碁」は、深層学習の技術を用いて囲碁ソフトの水準を一気に引き上げ、「魔王」と呼ばれたプロ棋士の李世ドルに圧勝したからである。

　これらのエピソードは、チェス・クイズ・囲碁というように分野は異なるものの、AIプログラムが世界トップクラスの専門家たちに勝利したという点で、機械が人間を追い抜く可能性を示唆している。AIは人間を超えられるのか。この問いは「特異点（Singularity）」という概念と関わりをもっている。「特異点」とは、一般的には、「特異な意味をもつ独特な事象」のことを表わす言葉である。数学では「有限の限界を超える値を表わすもの」、物理学では「なんらかの変数が無限大になるため、方程式が破綻する時空間」を意味する。1950年代に、フォン・ノイマン（1903-1957）は「たえず加速度的な進歩をとげているテクノロジーは……人類の歴史において、ある非常に重大な特異点に到達しつつあるように思われる。この点を超えると、今日ある人間の営為は存続することができなくなるだろう」と言ったと伝えられている。

　近年、この語がAIをめぐる議論に転用され、「技術的特異点（Technological Singularity）」という表現が広まった。未来学者のレイ・カーツワイルが、2005年に出版された著書『シンギュラリティは近い』の中で、「技術的特異点」仮説を提唱したからである。これは、将来のある時点で、コンピュータの性能が飛躍的に発展

し、ついには AI の能力が人間の知能を超えてしまうだろう、という仮説である。こうした発想は、1960 年代にはすでに、イギリスの数学者 I. J. グッド（1916-2009）により表明されていた。彼は、1965 年の論文「最初の超知能機械についての考察」の中で、こう述べている。

> 超知能機械（ultraintelligent machine）とは、どんなに賢い人間の知的活動であれ、それをすべて上回るほどの機械である、と定義してみよう。機械の設計も知的な活動のひとつなので、超知能機械ならさらに高度な機械を設計することができるだろう。そうなると、「知能の爆発（intelligence explosion）」が起こることは疑いない。そして、人間の知能ははるか後方に取り残される。こうして、最初の超知能機械は、人間が作る必要がある最後の発明となるのである。（Good, 1965, p. 33）

このような事態を表現するための「技術的特異点」という言葉は、SF 作家の V. ヴィンジが 1993 年に発表した「来るべき技術的特異点」という論文を通じて広く知られるようになった。それを踏まえて、カーツワイルは、『シンギュラリティは近い』の中で、「特異点」に関する特に重要な 2 つのことを主張した。すなわち、第一に、2020 年代の終わりまでには、AI が「チューリングテスト」に合格できるようになり、コンピュータの知能が生物としての人間の知能と区別できなくなるということ、第二に、「収穫加速の法則」からすれば、人間の能力が根底から覆り変容する「特異点」は、

2045年頃には到来するということ、である。

カーツワイルの予測は、「収穫加速の法則（The Law of Accelerating Returns）」──「宇宙全体の進化・進歩は指数関数的であり、進化の速度は年を追うごとに加速していく」という仮説 ── を根拠にしているが、これはコンピュータの「集積回路の集積度が1年ないし2年で倍増する」という「ムーアの法則（Moore's Law）」にもとづいている（松田、2013、31-35頁）。けれども、「ムーアの法則」は単なる経験則であり、さらにそれを「集積回路」だけではなく「宇宙のあらゆる現象」にも拡張する形で適用したのが「収穫加速の法則」である。そのため、「技術的特異点」仮説の信憑性には、さまざまな疑問も投げかけられている。

(3) ロボット倫理学

ロボット倫理学の3つの水準　技術的特異点が実際に訪れるのか、また、それは2045年といった比較的近い時期なのか、という点については判断を保留せざるをえない。しかし、技術的特異点とまでは言わないにしても、AIを実装した人間型ロボットが、チューリングテストや、さらに厳しいトータル・チューリングテストにパスできる日が、いつか来ることは否定できないように思われる。重要なのは、そのような時代が来たとき、私たちは機械とどうかかわるべきか、をあらかじめ考えておくことである。これは「ロボット倫理学」の課題であると言ってよい。

それでは、「ロボット倫理学（Robot Ethics）」は、具体的には何を扱うのか。3つの水準を区別する必要があるだろう（久木田、

2009、第2節)。

(1) ロボットを製造する際の倫理〔ロボットの設計方針〕
(2) ロボットの守るべき倫理〔ロボットの権利と義務〕
(3) ロボットに対する倫理〔ロボットへの配慮義務〕

(1) の水準においては、ロボットを製造しようとする者が、どのような倫理的指針を立て、それに従うべきかが問題となる。ロボットを設計・製作しようとするとき、製作者が配慮しなければならないのは、利用目的の設定、安全性とリスクの制御、守秘義務の遵守、環境負担の軽減、軍事利用の制限など、さまざまな要素が考えられる。これらの点を明確にしないまま、ロボット技術の発展が先行するならば、ロボットの存在は人間にとって必ずしも「良いもの」ではなくなる可能性がある。そうしたことがないよう、ロボットを製作する際の倫理基準を定めておく、というのが (1) の水準の課題である。

それに対し、(2) と (3) の水準では、さらに新しい観点からの倫理的考察が必要になる。なぜなら、(1) の水準では、従来の「科学技術倫理 (Ethics of Science and Technology)」や「工学倫理 (Engineering Ethics)」と共通する課題が扱われるが、(2) や (3) の水準では、「ロボット倫理学に特有の問題」を扱うことになるからである。具体的に言えば、(2) の水準では、トータル・チューリングテストをパスできる自律型アンドロイドなどを、「道徳的な行

為者（Moral Agent）」とみなしうるか否かが問題になる。また、(3) の水準においては、ロボットの利用者が、自律した「行為者」であるロボットに対し、「道徳的配慮」を行うべきか否かが問題になる。つまり、ロボットは道徳的な権利の主体たりうるか、ということが (2) での主題になるのに対し、人間はロボットを道徳的配慮の対象とする義務を負うか、ということが (3) での主題となるのである。

ロボット工学３原則　以上３つの水準のうちで、(1) に関するもっとも有名な議論は、SF作家のアイザック・アシモフ（1920-1992）が提案した「ロボット工学３原則（Three Laws of Robotics）」であろう。彼は、1950年の小説『われはロボット (I, Robot)』の冒頭で、人間が設定したロボットたちの行動原理として、この原則を掲げている。

　ロボット工学３原則
　第１条　ロボットは人間を傷つけてはならない。あるいは、何もしないで、人間に危害が及ぶのを放置してはならない。
　第２条　ロボットは人間に与えられた命令に従わなければならない。ただし、与えられた命令が、第１条に反する場合は、この限りでない。
　第３条　ロボットは、第１条および第２条に反しない限りで、自分自身の存在を守らなければならない。
　　　　───『ロボット工学ハンドブック』第56版・西暦2058年

小説の中で出てくるロボットの製作会社は、人間たちがロボットに抱く偏見（アシモフはそれを「フランケンシュタイン・コンプレックス」と呼んでいる）を取り除くために、こうした原則を設定することで、ロボットが人間にとって安全で信頼できる存在だ、ということを示す必要があったのである。

　これらの原則は、人間にとっての倫理原則と比較するならば、次のような意味をもつと言えよう。すなわち、第1条は、J.S.ミル（1806-1873）が主張した「他者危害原則」をロボットに適用し、それをロボットによる「人間危害防止の原則」として捉え直したものとして、第2条は、カントが「定言命法」という形で表現した「道徳的義務への服従義務」を、「人間による命令への服従義務」へと読み替えたもの、第3条は、カントが「自分に対する完全義務」の例として挙げた「自己保存原則」を、ロボット自身にも適用したものとして、それぞれ解釈することができる。

　『われはロボット』に収められた諸作品を含め、アシモフの小説は、「ロボット工学3原則」に従ってロボットが行動し、人間とともに生活するなかで、どのような義務衝突が生じるのかを検証した「思考実験」であると言ってよい。そうした実験を重ねるうちに、アシモフは、1985年の『ロボットと帝国』において、ついには3原則の改定を試みる（瀬名秀明、2008、44-46頁）。

　　第0条　ロボットは人類を傷つけてはならない。あるいは、何
　　　　　もしないで、人類に危害が及ぶのを放置してはならない。

第１条　ロボットは人間を傷つけてはならない。あるいは、何もしないで、人間に危害が及ぶのを放置してはならない。ただし、第０条に反する場合は、この限りでない。

ここでは、第１条に先立って第０条項が導入され、それに伴って第１条にも修正が加えられている。第０条は、第１条における「人間（human being）」という文言を「人類（humanity）」へと変更したものであり、それをより根底的な原則としたものである。その意味はわかりにくいが、特に後段に関しては、以下のように解釈できるのではないか。

「(A) 多数の人々（人類）」を傷つけようとする「(B) 個人（人間）」がいた場合、それを阻止するために「ロボット」は、「(B) 実行者（個人）」にかぎって攻撃してもよい。

テロのような形で、ある人間が他の人間を殺傷しようとしている場合、ロボットは「人類に危害が及ぶのを放置してはならない」のであれば、こうした条項を定める可能性も含めて、さらに適切な原則のあり方を検討しなければならないだろう。

　「ロボット工学３原則」は決して十分なものではない。さまざまな批判があるし、改定の試みもある。さらに、ロボットの扱いは、倫理的な水準で規定するだけでは不十分で、ロボット法を整備すべきである、という主張もなされている。いずれにせよ、こうした議論を深めていく必要があることは確かなように思われる。

ロボット倫理学の行方　「ロボット倫理学」の研究は、始まったばかりである。これまで「科学技術倫理」や「工学倫理」については、さまざまな分析がなされてきた。ロボットは科学技術にもとづいて工学的に作製される以上、これらの研究対象となるはずだからである。けれども、科学技術倫理や工学倫理は、「ロボット倫理学」における3つの水準のうち、(1)の「ロボットを製造する際の倫理」しか扱ってこなかったと言える。しかも、そこで言う「ロボット」は、工業用ロボットのような身近にある機械に限られていた。少なくとも、自動運転車の設計方針、ドローン兵器の使用の是非など、近年現実化しつつある機械の倫理問題については、ようやく議論の道筋が見えてきたところである。

しかし、先にも見たように、(2)の「ロボットの守るべき倫理」や(3)の「ロボットに対する倫理」にかかわる問題——(2)厳密なトータル・チューリングテストをパスできる、自律型アンドロイドを「道徳的な行為者」とみなすべきか否か、(3)ロボットの利用者が、自律した「行為者」であるロボットに対し、「道徳的配慮」を行うべきか否か、といった問題——については、議論は端緒についたところである。これらの水準においては、たとえば、「人間と区別できない自律型アンドロイドに対しては、一定の権利を認めるような新たな倫理原則を採用すべきだ」とか、さらには、「アンドロイドも人間も、原則的には、相互の〈利害(interst)〉を尊重し、互いに〈危害(harm)〉を避けるよう努めなければならない」、といった主張が出てくるかもしれない。このように、新しいロボット倫理学の可能性を検討する必要性は、今後ますます高まっていく

のではないだろうか。

　「ロボティクス（Robotics）」という語は、通常「ロボット工学」と訳される。本章でもそれに従ってきたが、この語は「ロボット学」と訳した方がよいという指摘がある。「人間社会の倫理は自己と他者の間で浮かび上がり、それは個々人の人生と共に広がり、深まってゆく。そこに関わる時空間のすべてがロボット学（robotics）の課題であり、そして同時に人間学（humanics）の課題なのである」（瀬名秀明、2008、44-46頁）。

　本章は、こうした問題意識にもとづいて、「人間は機械でないか」という問い、より具体的には、(I)「機械は考えることができるか」、(II)「機械は身体をもてるか」、(III)「機械は人間を超えられるか」という問いについて検討してきた。そのような問いを通して、人間と機械との異同を明らかにし、両者の近さと遠さを測定することができるのではないか、そしてまた、そうすることにより、「人間とは何か」という問いに間接的に答えることができるのではないか。以上の考察を試みたゆえんである。

　問題①　ロボットと人間との関係は、将来どのようなものになるだろうか、考えてみよう。
　問題②　将来のロボットを人間はどのように扱うべきか、考えてみよう。

参考文献
第一節
・アラン・チューリング「計算機械と知性」『現代思想 総特集 チューリング』

青土社、2012 年
- ポール・チャーチランド『物質と意識（原書第 3 版）』森北出版、2016 年
- ジョン・サール「心・脳・プログラム」D.R. ホフシュタッター /D.C. デネット編著『マインズ・アイ［下］』TBS ブリタニカ、1992 年
- ジョン・サール『心・脳・科学（SELECTION 21)』岩波書店、1993 年
- 柴田正良『ロボットの心』講談社現代新書、2001 年
- 戸田山和久『哲学入門』ちくま新書、2014 年
- Harnad, S., The Symbol Grounding Problem. *Physica D* 42, 1990
- 今井むつみ他編『コミュニケーションの認知科学 1 言語と身体性』岩波書店、2014 年

第二節
- 石黒浩『ロボットとは何か』講談社現代新書、2009 年
- Mori Masahiro, The Uncanny Valley, *Energy*, 7(4), 1970
- 板倉昭二『心を発見する心の発達』京都大学学術出版会、2007 年
- Harnad, S., Minds, Machines and Turing: The Indistinguishability of Indistinguishables. *Journal of Logic, Language, and Information 9*, 2000
- 子安増生『心の理論』岩波科学ライブラリー、2000 年
- サイモン・バロン＝コーエン『自閉症とマインド・ブラインドネス』青土社、2002 年
- 小嶋秀樹「ロボットの社会的発達の『心の理論』の獲得」『知能と複雑系』No. 96, 2000 年
- 小嶋秀樹・仲川こころ・安田有里子「ロボットに媒介されたコミュニケーションによる自閉症療育」『情報処理』Vol. 49, No. 1, p. 36-42, 2008 年

第三節
- 信原幸弘『考える脳・考えない脳』講談社現代新書、2000 年
- 松尾豊『人工知能は人間を超えるか』角川 EPUB 選書、2015 年
- 岡谷貴之『深層学習』講談社、2015 年
- 小高知宏『機械学習と深層学習』オーム社、2016 年
- Le, Q.V. et al., Building High-level Features Using Large Scale Unsupervised Learning, *Proceedings of the 29 th International Conference on Machine Learning*, 2012
- Good, I.J., Speculations concerning the first ultraintelligent machine, *Advances in Computers*, vol 6, Academic Press, 1965
- レイ・カーツワイル『シンギュラリティは近い（Kindle 版）』NHK 出版、2007 年
- 松田卓也『2045 年問題』廣済堂新書、2013 年
- 久木田水生「ロボット倫理学の可能性」『Prospectus』11, 2009 年
- 瀬名秀明『瀬名秀明ロボット学論集』勁草書房、2008 年

第3章　時間論

　時間について深く思索した人として知られるラテン教父のアウレリウス・アウグスティヌス（354-430）は、次のような言葉を残している。「ではいったい時間とは何でしょうか。だれも私に尋ねないとき、私は知っています。尋ねられて説明しようと思うと、知らないのです」（『告白』第11巻、第14章）。この言葉は、遠く時代を隔てた私たちにもそのまま当てはまる。私たちは、日ごろ時間の中で暮らしていながら、その本性について考えることはほとんどしない。けれども時間をめぐる問題の射程は、物体の運動から人生の意味に至るまで、広く深い。この章では、特に現代人が時間について抱く一般的なイメージがどのような問題を含んでいるのかをともに考える。

第1節　時間の形

(1) 現代人の時間イメージ

いくつかの時間イメージの複合　忙しく働く現代人の社会生活は、時計と切り離すことができない。学生であれ社会人であれ、一日の生活はタイムスケジュールによって定められている。そしてそれが可能なのは国の標準時が明確に定められているからである。一つの国の内部だけではない。会社員が外国に出向き、待ち合わせ場所でビジネスパートナーときちんと出会えるのは、世界標準時とそこからの時差によって、世界全体の時間の進行が規定されているからに他ならない。現代人の社会生活を支えている時間は数量化されて厳密に規定されており、抽象的で、普遍的なものである。

けれども現代人にとっての時間のありさまは、そうしたものに限られるわけではない。日々の忙しい生活に疲れた人々は自然の中に安らぎを見出すかもしれない。そこには質感に満ちた四季の移ろいがあるだろう。また、人の精神生活にとって重い意味を持つ過去の記憶や未来への期待からなる時間は、1時間、1日という同じ単位の繰り返しからなる抽象的な時間とは異なったありさまをもつようにも思われる。

現代特有の時間　私たちは普段、私たち自身が体験しているそうしたさまざまな時間のありさまについては深く考えることはせず、それらが漠然と混ざり合った生活を送っているように見える。しかし、過去の記憶や未来への期待、また特に温帯地方に生きる多くの人々にとっての四季の移ろいも、おそらくは人が人としての生活を

始めた遠い昔から変わらぬ時間のありさまであったのに対して、先に挙げた抽象的で普遍的な時間のありさまは、人類の文化が現代へ向けて変化するさなかで、次第に形成されてきたものであった。たとえばオーストラリアの原住民であるアボリジニーの人々にとって時間は具体的な出来事によって意識されるという。彼らは雨季の数で「年」を数えるが、それは私たちの一定の長さを持つ「年」と同じではない。あるアボリジニーが「俺はこの車を3夏もっている」と盛夏の1月に言うとすれば、彼が車を持っていたのは私たちの言う3年ではなく、2年と考えた方がよいという。3夏はその年の1月、前の年の1月、さらにその前の年の1月を意味するので、私たちの言う2年なのであり、この長さは発言の時期によって変動するだろう。彼らはつねに自分がいる時点を中心に考えるのであり、抽象的な3年間を意味する表現をもたないらしい。(新保満『悲しきブーメラン―アボリジニーの悲劇』未来社、1988年、第18話　時間の話)

直線的時間イメージ　そうした現代特有の抽象的時間のイメージは、一言でいえば直線的な時間ということができるだろう。現代人がイメージする時間は、無限に遠い過去から流れてきて現在を通り、無限に遠い未来へと進む一本の直線であり、それは時間単位の連続から成っていて、今日の一日も明日の一日も時間の部分としては変わることがなく、全体は等質である。こうした時間観は、「毎日が同じことの繰り返し」という現代人が感じる一種の疲労感のもとになっているだけではなく、実はもっと難しい問題も含んでいる(次節参照)。けれどもまずこの節では、こうした直線的時間イメー

ジが唯一のものではないこと、またそれがより原初的な時間イメージの形から次第に変化して形成されてきたと考えられることを確認してみよう。

(2) 直線的時間と円環的時間―最初の対比―

時間の円環的イメージ 時間を直線としてイメージすることは、同じ出来事が繰り返されることなく、歴史の進行が不可逆であることにつながる。しかし、古代社会ではこ

れとは反対に、歴史の進行が円を描いてまた元の地点に戻るという、時間の円環的なイメージが多くみられる。

ヘレニズム（古代ギリシア思想）の時間観はその典型的な一例である。哲学者のアナクシマンドロス（B.C.610頃-540頃）やエンペドクレス（B.C.492頃-432頃）にもすでに円環的時間への言及がみられるが、ここではアリストテレス（B.C.384-322）の言うところを見てみよう。

> …それゆえにまた、時間はすなわち天球［惑星や星座を載せて地球の回りを回る透明な球］の運動である、とも思われるのである。そのわけは、この天球の運動でその他の種類の運動が測られ、また時間もこの運動で測られているからである。またこのゆえに、つぎのような慣習的な言い方も生じてくるのであ

> る、すなわち、人間的な諸事象は円環をなしており、またその他の自然的な運動や生成消滅をもつ諸事象にも円環がある、と人は言う。それは、これらすべての事象が、時間によって判定〔測定〕され、そしてその終わりと始めとが、あたかも或る周期的循環路における終わりと始めとのように解されているからである。そしてまた、人のこう言うのも、時間それ自らが或る種の円環であると考えられるからである。…（『アリストテレス全集 3 自然学』第4巻、第14章、岩波書店、1968年）

ここでは、「時間それ自らが或る種の円環である」と明確に述べられている。

また、こうした円環的時間のイメージは古代ギリシアのみではなく、たとえば古代のインドにもあり、そこでは最高神であるブラフマンが、気の遠くなるような時間を経て世界の大破壊と大創造を無限に繰り返すのである。

二種類のイメージの源泉 ところで、直線と円という時間に関する異なった二つのイメージは、いったいどこから出てくるのだろうか。それは、人々の生活の中からであるほかはないであろう。人類学者のエドマンド・リーチ（1910-1989）は、現代イギリス人の抱く時間の観念の中に、次のような二つの相矛盾する要素を見出しているが、これは現代イギリス人に限ったことではない。それはすなわち、(1) 繰り返す自然現象 (2) 不可逆な人生の変化、の二つである（『人類学再考』思索社、1990年、210頁）。私たちを取り巻く自然現象は、四季の繰り返しや植物の生長変化、太陽や月や星座の

運行等、周期的な運動に満ちている。その一方で、そこに生きる私たち自身の生は、誕生して成長し、やがて年老いて死へと至る一本の直線のように見える。人は一年一年と年齢を積み重ねてゆくが、この過程は不可逆なもので、過ぎた日はもう元に戻ることはない。

　それゆえに、自然界に見られる繰り返しとそこに生きる人間の生の一回性、不可逆性は、一種のコントラストとしてしばしば文学作品で描かれてきた。たとえば中国唐代の詩人 劉 廷芝（651-679）の詩句「年年歳歳花相似たり／歳歳年年人同じからず（毎年花は同じように咲くが、それを見る人間は毎年変わってゆく）」はよく知られている。また、我が国の『源氏物語』幻の巻の光源氏は、最愛の人である紫の上が亡くなったあとで、彼女が愛していた庭の紅梅が再び咲き、そこに鶯が来て鳴くのを見て、次のように和歌を詠む。

　　植ゑて見し花のあるじもなき宿に知らずがほにて来ゐる鶯
　　（この紅梅を植えてそれを眺めていた主がいないこの宿に、そんなことも知らない顔をした鶯が今年もまた来て鳴いていることだよ）

　そうして光源氏は、鳥の音も聞こえない山の奥に去ってしまいたいと深い悲しみにくれるのである。季節を忘れず繰り返される自然の営みと、繰り返しの効かない人生のありさま。円と直線という時間イメージの二つの形は、おそらくこのような、自然とそこに生きる人間との対比に起源をもつに違いないと思われる。

(3) ヘブル思想の終末論と線分的時間

直線的時間イメージと人生の相違　しかし、本節冒頭で確認したような直線的な時間のイメージと、私たちの人生には、いくつか見逃せない相違がある。まず、先の直線的時間のイメージは、もちろん一人の人間の時間ではなく、全世界、全宇宙の時間の進行をイメージしたものであり、両者にはスケールの相違がある。また、人生は誕生と死によって区切られているが、先の直線的時間のイメージは、無限に遠い過去から無限に遠い未来へと続いているという点でも異なっていると言える。

ヘブル思想の線分的時間　後者の点に着目するとき、誕生と死で区切られている人生のありさまに、もっと近い時間イメージの形があることに私たちは気づく。それは、先に円環的時間イメージの例として挙げたヘレニズムと並んで西洋思想のもう一つの源流であるヘブライズム（ヘブル思想）の時間観であり、とりわけ後期ユダヤ教からキリスト教、さらにはイスラム教へと受け継がれた終末論（Eschatology）の思想である。

旧約聖書「創世記」には、ヤハウェ神による世界創造が描かれている。また後期ユダヤ教の「ダニエル書」や新約聖書の「ヨハネの黙示論」、またイスラム教の聖典『クルアーン』にも終末すなわちこの世の終わりに関する事柄が記述されている。先に見たインドの円環的時間においては、ブラフマンが世界の大創造と大破壊を無限に繰り返すのであるが、ヘブル思想の伝統においては、世界の創造も終末も一回だけの出来事であり、それゆえ世界の時間は、一回の始まりから一回の終わりへと向かう線分的なイメージになる。

カイロスとクロノス　ヘブル思想における時間と現代人の時間イメージとは両端を持つ線分と無限遠点に伸びる直線という図形的な相違をもつだけではない。というのも、一回の始まりから一回の終わりへと向かう過程を構成する諸部分は、それぞれが質的に異なる独自の位置づけをなされていると考えられるからである。カイロスおよびクロノスというギリシア語はいずれも「時」を表しているが、カイロスは瞬間を、クロノスは通時的な時間の流れを意味している。ヘブル思想におけるカイロスは、神の意思が地上に切り込んでくる瞬間を意味しており、クロノスは終末へと向かうそうした諸瞬間の連続を意味する。歴史の動きは神の摂理に従って終末へと向かうのであり、異質な諸瞬間の連続となるが、現代人の直線的時間においては、等質の単位が無限に繰り返されるにすぎない。したがって、同じく線的なイメージでも、私たちは線分的時間と直線的時間を別の時間イメージとして明確に区別した方がよさそうである。

(4) 振子的時間―より原初的な時間のイメージ

より原初的な時間イメージ　以上で見てきた時間の形に関する三つのイメージ、すなわち、直線、円、線分は、いずれも一種の幾何学的図形である。しかし、こうした幾何学的なイメージは、古代社会が一定の文化的水準に達してから登場したものであろう。それより以前の社会では、時間についてのもっと他のイメージはなかったのだろうか。

　この点について、先にも触れたエドマンド・リーチは、もっと身

近な比喩があったはずだと述べている。

> …だが、われわれが実際的に経験するような時間には、本質的に何ら、幾何学的なものは存在しない。数学者だけが、繰り返しを円運動の一面として通常考える傾向があるだけである。未開の素朴な社会にあっては、繰り返しの比喩には、はるかに身近なものを使ったであろう。たとえば、それは嘔吐や機織人の梭(はた)の運動、一連の農耕活動、また婚姻関係をめぐる一通の儀礼的交換などであるが、われわれがこのような一つながりになったものを「サイクル」として記述するとき、われわれは知らず知らず、当該の人々の思考にはまったく存在しないと思われる幾何学的な表現法をそこに導入しているのである(前掲『人類学再考』212頁)。

それに、われわれのもっとも基本的な時間の流れについての経験は、明らかにこの種のものなのである。昼—夜、昼—夜、熱—冷、熱—冷、湿—乾、湿—乾といったものなのである。振子(pendulum)という語を使うが、この種類の比喩は理屈で考えられたものではない。その本質は、振子にあるのではなく交替にあるのである。時間が「繰り返し現れる対立の不連続」という概念は、おそらく時間に関するすべての考え方のうちでもっとも基本的でもっとも原初的なものであると私は考えている(同書227頁)。

古代日本の事例　リーチは、古代ギリシア神話のクロノス神に関する記述がこうした「振動」を意味すると分析しているが、永藤靖『古代日本文学と時間意識』（未来社、1979 年）は、『古事記』の神話に読み取れる古代日本人の時間意識も、そうした振動的なものであったことを指摘している。問題となるのは、父である伊邪那伎命（いざなぎのみこと）が世界を三分割して、アマテラス、ツクヨミ、スサノオという三人の子に統治させようとする場面である。

　古事記の三貴子の分治の個所である。アマテラスが高天の原、ツクヨミが夜の世界、スサノオが海をそれぞれ分担して支配せよと父イザナギは言う。この話の興味深い点は、高天の原、夜の世界、海の世界が同じ次元で考えられていることだ。見方を変えれば、高天の原、つまりアマテラスの世界は昼の観念を象徴しているわけだから、昼、夜、海ということになる。この世界認識はやはり古代日本人の一つの特徴を語っているとみられる。四方を海に囲まれた日本の風土を考え合わせれば、海が彼らに与えた影響は大きいだろう。だがそれにしても海はやはり時間的な表象ではない。時間性を含まない空間として認識されていたことは疑うことができないだろう。すると昼と夜の世界はどうか。昼も夜も現代の私たちにとっては時間的な観念を含むだけでなく、むしろそれが優先することは断るまでもないことだが、記紀の神話的な世界においては必ずしもこの常識と一致するわけではなかった。昼や夜が時間的な表象を現わす以前に、もっと強い別個な観念として古代人の脳裏には刻み

込まれていた。別な言い方をすれば昼と夜とは同一の世界の交替、ひとつづきの連続的な時間の流れによって起る現象とは考えていなかった。(36～37頁)

　暦も時計もない世界においては、一日という観念は本来ありえない。あるのは、昼、夜、昼、夜という絶え間ない振幅、振動にも似た繰り返しに違いなかった。神話においては、少なくとも昼と夜という異質な二つの世界を括って「一日」とする観念はあり得なかったといっていい。昼と夜とが時間的な表象として、流れゆく同一の世界と認識された時に始めて「一日」という〈長さ〉を持った、方向を持った世界に変換するのである。(39頁)

　昼と夜との交替はある意味では確かに時間的な連続ではあるが、しかし厳密な意味の連続ではない。すでに述べたように全く異質な空間の交替であり、昼と夜との間にははっきりとした断絶があった。非連続の連続、つまり振動として古代人には感知された。(45～46頁)

確かに、昼、夜、海という世界の三分割は、昼と夜とをまったく異質なものと考えて初めて成立する。昼と夜は、古代日本人にとって一日の半分ずつなのではなく、異質な世界の交替なのであった。このように、リーチや永藤の想定が正しいとすれば、私たちは直線、円、線分のほかに、もっとも古い時間イメージとして振子型の

(5) 時間イメージの４形態説

真木による４形態の整理　このような状況を踏まえて、真木悠介『時間の比較社会学』（岩波書店、1997 年）は、古代から近代に至る上記４つの時間イメージを分類整理している（図参照、同書 157 頁による）。

図の左右方向は、質的時間と量的時間の対比であり、上下方向は不可逆的なものとしての時間と可逆的なものとしての時間の対比である。左下の原始共同体の時間は振子型の反復的な時間であるが、これは反復的である

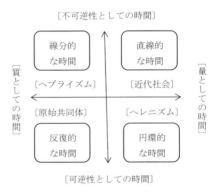

から可逆的（下）であり、また１日２日と数量化される以前のものであるから質的（左）なものとなる。左上のヘブライズム（ヘブル思想）の時間は、線分であるから元には戻らず不可逆（上）であり、線分を構成する諸部分は質的に異なっていて数量化されないから質的（左）である。右下のヘレニズム（ギリシア思想）の円環的時間は元に戻るので可逆的（下）であるが、反復的時間とは異なって数量化されているため量的（右）である。近代以降の社会の直線的時間は、線分的時間同様に不可逆であるが（上）、しかし円環的

時間同様に数量化されている（右）。

このように整理した場合にわかることは、原初的な振子型の時間イメージから、私たちの直線的な時間イメージへ時代的な変化が生じていること、またその変化には2種の変化を想定すべきことである。2種の変化とは、つまり、① 質的な時間（左）から量的な時間（右）への変化と、② 可逆的時間（下）から不可逆的時間（上）への変化、の2種である。この2種類の変化を経て現代人の時間イメージは次第に形成されてきたことになる。それはどんな変化だったのだろうか。

質的時間から量的時間へ　この変化の詳細を歴史的に跡付けることは難しいが、真木はまず質的時間から量的時間への変化について次のような思考実験を試みている。出発点は、「牛時計」というもので、これは文化人類学者のエヴァンズ・プリチャード（1902-1973）が、スーダンのヌアー族の時間意識を調査して報告したものである（『ヌアー族』平凡社、1997年）。それによると、彼らの生活では時刻と時間は、牛などの牧畜作業を目印に示される。たとえば、牛舎から家畜囲いへ牛を連れ出す時間、搾乳の時間、成牛を牧草地へ連れていく時間、成牛の戻る時間等々である。したがって彼らは「乳しぼりの時間に帰ってくるだろう」とか「仔牛たちが戻ってくる頃、出発するつもりだ」といった時間の表現をする。ここには同質の単位の繰り返しによる時間の数量的な表現はなく、時刻も時間も質的なものとなっているのである。

この牛時計を使用している共同体が、別の時計、たとえば麦の生育具合を目印とした麦時計を使用する共同体と交易をすることにな

り、会って互いの産物を交換することになったとしよう。けれどもそれぞれ異なる時計を使用しているのだから、おそらく二つの共同体は永遠に待ち合わせることができないだろう。そこで彼らは、牛や麦ではなく、もっと共通に通用する普遍的な時計を持ち出す必要に迫られるだろう。その果てに現れるのはおそらく、すべての共同体がそこで生きている大地とそれを覆う天空以外にはない。そうすれば、やがて太陽の位置や月の満ち欠けが時間の基準として採用されることになろう。さらにその上で、その太陽や月の運動を数えてゆくこと、すなわち暦（カレンダー）が形成されるなら、そこで初めて質的な時間から量的な時間への移行がなされたと言えるであろう。ちなみに本格的な暦の出現はおそらく紀元前4千年頃のシュメールにおいてだと考えられており、これは月齢によるものであった。それから少しのちにエジプトやヘブルで太陽暦が現れる。またエジプトでは、太陽暦、太陰暦、ナイルとシリウス星による暦の三種が用いられたという（ジャック・アタリ『時間の歴史』原書房、1986年）。ギリシアでは、宇宙の規則的運行からピュタゴラスが世界を整ったものと考え、それをコスモスと呼んだのだし、円環的時間の事例でみたアリストテレスの時間定義は、「以前と以後とに関する運動の数」というものであったが、天球の運動につれて1日2日、1年2年と増してゆく数こそが彼の考える時間なのであった。

　このように、真木によれば、質的時間から量的時間への移行にあたっては、身近な共同態から超越し、ある種の普遍性へと超出してゆく過程が必要なのである。

　可逆的時間から不可逆の時間へ　それではもう一つの可逆性から

不可逆性への変化はどのようにして生じたのだろうか。この問題を考察することは、具体的には、多くの古代社会が円環的時間イメージをもっていたのに対して、ヘブル民族が不可逆の歴史観をもっていたのはなぜか、という問題を考察することになる。この点で注目すべきなのは、荒野の民としてのヘブル民族の自然観である。彼らは四季の恵み豊かな地域に暮らす人々ではなかったのである。遊牧民である彼らにとっての自然は、彼らに恩恵を与えるものというよりは苦痛を与えるものであり、そこへと思いを寄せて生きる対象ではなかった。四季の恵み豊かな地域に生きる民族は、ひとたび飢饉が起れば、自然のサイクルを元に戻すべくさまざまな儀礼を行なったが、荒野の民としてのヘブル民族はそうではなかった。むしろ彼らにとって自然は呪うべきものであり、求めるべきは神による最終的な救いであった。つまり彼らは、自然の四季の円環から身を遠ざけて生きていた民族だったのである。そして自然の回帰性が退けられたときに前面に浮上してくるのは、そこで生きる自分たちの人生の不可逆性だったであろう。それゆえ、彼らは必然的に、人間の一回的で不可逆的な運命を世界の運命へなぞらえることになった。ドイツの神学者ルドルフ・ブルトマン（1884-1976）は、『歴史と終末論』（岩波書店、1959年）の中で、「後期ユダヤ教の宇宙論は、人間の運命を世界の運命におきかえることによって歴史化された」と述べている。真木は、可逆的時間から不可逆的時間への変化には、そのような自然性からの超越が必要だと指摘している。

すなわち、質的で可逆的な原初的時間イメージから量的で不可逆的な直線的時間イメージへの変化は、身近な共同体からの超越と自

然性からの超越という二つの超越によってもたらされたことになる。

(6) おわりに

上記の4形態説は興味深いものであるが、いくつか立ち止まって考えるべき点もあろう。たとえば、原初的な振子型は質的なものとされるが、本当にこれは量的なものではないと言えるだろうか。たとえば昼―夜、昼―夜の振動はこれを一日として単位化することはできないが、それぞれの極を単位とすることは可能であり、実際、「日八日、夜八夜遊びき」といった古代日本の表現に見られるように、昼と夜それぞれを単位化した量的表現もあり得るのである。また、先に質的時間から量的時間への変化を考えた際に出発点となった牛時計は、確かに質的であるが振動的な時間ではない。振動的時間を非量的なものと考えてよいかどうか、またそれがリーチの考えたように、もっとも原初的な時間形態であるのかどうかは、さらに検討すべき課題かもしれない。

ヘブル思想の線分的時間にしても、たしかに世界創造から終末へと向かう日々はそれぞれ異質であるから、それは近代的時間に比しては質的時間とみなされるべきであろう。しかし、先の暦の歴史でもみたように、ヘブル民族ははやくから暦を生み出しており、つまりは数量化された時間のシステムももっていた。だから彼らの時間意識の中には、量的なものもすでに入り込んでいてそれらが並存していたはずであり、それを質的とだけ規定するのは事態をやや単純化してしまうことになろう。

もっとも、同じことは私たちが冒頭でみた現代人の時間イメージについても言えるので、私たちは等質の単位の連続としての抽象的な時間直線をイメージすると同時に、過去から未来へと進む私たちの記憶に即した時の歩みをも大切にしている。これは具体的で質的なものと言うべきであろう。おそらくどの民族のどの時代を切り取ってみても、そうした混合があることは予想できるのであって、人の具体的な時間意識のありさまは、より複雑なものだとは言えるだろう。

しかし、私たち現代人の時間イメージが唯一のものではないことを理解し、またその由来についていくつかの類型を想定して考えてみることは有益である。また真木の試みを超えて、さらに多くの類型を見出そうとする試みもある。

もっとも、現代人がもっている直線的な時間イメージが唯一のものではないことを理解できたとしても、だからといってそれをすぐさま捨てることが可能だというわけでもない。とりわけ近代以降の自然科学的世界観は、時間直線のイメージを私たちに強く要求してくるように思われる。とはいえ、この時間直線のイメージは、実はアポリア（難問）をいくつか引き起こす。次節ではそれを見てみよう。

問題① 自分の時間イメージはどんなものか、その形を振り返ってみよう。
問題② 原初的な振子型の時間観から近代的な直線的時間観に至る道筋を、簡潔に整理してみよう。

コーヒーブレイク1

正月はなぜめでたいか ―1年ごとの円環イメージ―

　地球の公転が自然法則に従って続くことを私たちは知っているが、冬至の太陽がもう一度力を取り戻し、夏の高い軌道をめぐって作物に実りをもたらすようになることは、古代の人々にとっては祈りの対象だった。それゆえ世界各地には、冬至の頃に太陽の復活を祝う「冬至祭り」があったという。イエスの誕生を祝うクリスマスは12月25日に行われるが、実際にはイエスの誕生日は分かっておらず、キリスト教が当時の冬至祭りの日を取り入れたものと考えられている。

　また、気候不順で作物が取れなければ、昔の人はそれを人間の悪行が招いた結果だと考え、罪を清める社会的な儀礼を行なった。儀礼によって人間の犯した罪や穢れを取り除き、時の円環を元の状態に戻して、豊かな実りを取り戻そうと考えたのである。宗教社会学者のM・エリアーデ（1907-1986）は、世界の至る所で、悪魔・病気・罪の払いが正月の祭りと時期的に一致することを指摘し、それらの年ごとの追放が、純粋な時、天地創造の時間を復元しようとする試みだと指摘している（『永遠回帰の神話』未来社、1963年）。たとえば日本の大晦日につく除夜の鐘の108という数字は、人間の煩悩の数を表しており、それを一つ一つ消すことで、正月が迎えられる。つまり、正月というのは、時の循環が初めの無垢な状態に回帰して、再び豊かな実りが保証される時なのである。したがって、正月はなぜめでたいかと言えば、他に理由があるわけではなく、「正月だから」というのがその答えである。

第 2 節　直線的時間イメージをめぐる三つのアポリア

(1) 存在の消失

アリストテレスの時間のパラドックス（逆説）　日常的には、時間を一種の線として表象（イメージ）することの妥当性が疑われることはほとんどないが、いくらかの哲学者たちはそこに鋭く問題を嗅ぎつけてきた。すでに古代ギリシアのアリストテレスは、時間を巡る難問として次のようなものを挙げている（『アリストテレス全集 3 自然学』岩波書店、1968 年）。彼はまず、時間的経過の全体を過去・現在（今）・未来からなるものとし、この内、現在（今）は、時間のいかなる部分でもないという。今とは「すでに過ぎ去ったものとまさに来ようとしているものを区切る（165 頁）」ものであり、また「過ぎ去った時と来らんとする時とを連続させる」もので「時間の限界（181 頁）」である。アリストテレスがこのように言うとき、彼が時間を一種の線として把握し、「今」を幾何学的な点として表象しているということは、難解な彼の叙述を理解する可能な仕方の一つであろう。そしてこのときに、次のようなパラドックスが生じる。時間のある部分（過去）は、もう無い部分であり、別の部分（未来）はいまだ無い部分である。「今」は時間の部分ではなく二つの部分を繋ぐものに過ぎない。すると、時間的経過の全体が「無い」もののように思われてくる（右図参照。図では時間の流れを過去から未

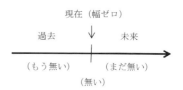

第 2 節　直線的時間イメージをめぐる三つのアポリア　139

来への矢印で表しているが、逆の表現も可能)。彼は、「時がはたして存在するものどもの部に属するか、あるいは存在しないものどもの部に属するか (164 頁)」という問題としてこれを語っているが、「時」の存在というよりは、全世界の実在性が問題になっていると言った方がわかりやすいであろう。世界の過去の部分はもう無い。未来の部分はまだ無い。二つを繋ぐ現在は、幅のない瞬間であって存在しているとは言い難い。すると、全世界はまったく存在しないということになってしまう。これはもちろん、私たちの日常的信念に反する。しかし、上記の想定のどこがおかしいのだろうか。

　私が自分の手を固く握りしめた時に感じる私の身体の実在感、私が立っている大地と、見上げる天空の実在感は、どこへいってしまったのだろう。なるほど時間の線的表象を保持しながら、これらを説明しようと試みることもできるだろう。たとえば、私の身体が確かに存在しているという感じは、私が外的知覚によって私自身の身体を捉え、また内部感覚によって捉えているその感覚が持続的に与えられているということに基づいていると考えることもできよう。しかし、私たちがこの感覚的データの持続を一つの線としてイメージするや否や、同じことが生じる。すなわち、今現在与えられている感覚データのみが存在するのであり、過去の感覚データはもはや無にすぎない。私たちが持つ実在感は、たちまち過去の無と未来の無、そして現在という不確かなものに分解して霧消してしまう。私たちが目の前に見ている対象でも同じことである。目の前の樹木は私に知覚され続けており、私はそれがそこに存在すると常識的には感じているが、この持続的な知覚を私たちが一本の時間的線

でイメージするなら、すでに過ぎ去った知覚の部分は無に沈んでおり、未来の知覚部分は未だ存在せず、きわめて不確かな存在しかその樹木に帰すことはできなくなる。さらに私たちが樹木を分子や原子や素粒子に分解してみたところで、事態は同じであろう。何であれ、私たちが確かに存在していると考える対象の存在の持続を時間線で表象するやいなや、アリストテレスの指摘が、力をもったものとして浮上してくるように思われる。

W・ジェイムズと「見せかけの現在」 アリストテレスは、この問題を指摘しただけで放擲しているように見えるし、アリストテレス哲学を受け継いだ後世の人々がこの問題についてどう考えたのかはわからない。しかし、遠く20世紀のウィリアム・ジェイムズ（1892-1910）の行った指摘も、この問題に関連しているとみることができる。すなわち彼は、私たちの現在の体験は必ず時間的幅を持つと述べ、それを「見せかけの現在（specious present）」と呼んだ（ただしこの語は、ジェームズがE.R.クレイから引用したものである）。

> …よく考えればこのような厳密な現在［現在の瞬間のこと］は存在するはずであるとの結論になるが、それが確かに存在することは、決してわれわれの直接経験の事実にはなり得ない。われわれの直接経験の唯一の事実は、いわゆる「見せかけの」現在である。つまりそれ自身ある長さをもつ一種の時間の鞍のようなもので、われわれはその上に座って時間の二方向を眺めるのである。（『心理学 下』岩波書店、1993年、73〜74頁）

さらにジェームズは、ヴルヘルム・ヴント（1832-1920）の実験を引用しながらそれが最大で12秒ほどらしいと述べている。なるほど、こうなればアリストテレスの「今」の存在の頼りなさはいくぶん緩和されたように見えるが、しかし全体としての困難は少しも減少したようには思われない。実在しているのはただ最大12秒の現在であり、それより遠い過去も遠い未来も無である。世界はただ12秒だけの実在だということになる。

B. ラッセルの世界5分前誕生仮説　なるほど、現在というものを感じる私たちの意識は、その程度の時間幅しか持たないものかもしれない。しかし、私たちは、現在の意識のほかに、記憶というものをもっている。たとえば私は、昨晩のナイトゲームで、ひいきの野球チームが劇的な逆転勝利をおさめたことをはっきりと記憶しているとしよう。この勝利の瞬間はもちろん今は過去のことであり、もう無い。しかし、私の記憶、さらにはほかの多くのファンの記憶は、この瞬間が確かに過去に存在したことを証言しており、したがって、過去が確かに存在することを証言しているのではないのか。しかし、問題はそう単純ではない。というのも、過去に関する記憶イメージは、すべて今現在に存在するものだからである。記憶の存在が過去の存在を論理的に保証しないということを、バートランド・ラッセル（1872-1970）は一見非常識にみえる次のような仮説を用いて説明している。

　　記憶―信念［memory-beliefs］を研究する際に、銘記しなければならない或る論点がある。第一には、記憶―信念を構成す

るすべてのものは、い‌ま‌起っているのであって、その信念が言及するといわれる過去の時に起こったのではない。想起される出来事が起こったということは、そもそも過去が存在したということでさえ、記憶―信念の存在にとっては論理的に必然的なことではないのである。世界は五分前に、正確にその時そうあった通りに、まったく実在しない過去を「想起する」全住民とともに、突然存在し始めたという仮説に、いかなる論理的不可能性もない。異なった時に起こる出来事の間には論理的に必然的な結合はない。故に、いま起っている、あるいは、未来に起こるであろう、いかなることも、世界が五分前に始まったという仮説を反証することはできない。(『心の分析』勁草書房、1993年、188頁)

　世界の全住民は、いまから5分以上前の世界の記憶を持っているのだが、そうした記憶が存在するということは、実際に5分以上前の世界が存在したということを保証しない。いまから5分前の時点で、世界の全住民にそうした記憶が与えられてさえいれば（つまりこれは虚偽の記憶ということになるが）、論理的整合性は保たれるので、実際に5分以上前の世界が実在している必然性はない、ということである。同じことは、「記憶」ではなく「記録」についても言えるだろう（ただし、ラッセルは、過去の非存在をまじめな仮説として主張したいのではなく、たんに論理的にそう主張できると述べているだけである）。

　私たちは、常識的には、世界が遠い過去から遠い未来へと持続

的に存在する何かだと考えているが、このようにみれば、過去の世界の存在は、何の保証もない、いっそうあやふやなものに思えてくる。過去の存在ということは、実は簡単に主張できることではないことになる。

(2) 実存的意味の喪失

死という限界　未来が無であるということ、あるいは未来の存在が保証されていないということは、また別の問題を引き起こす。未来は「まだ無い」ものだが、それでも私たちは今日と同じような明日が来ることを漠然と信じ、それゆえ日常的には未来が「きっと在る」ことを想定している。しかし、私たちが直線的時間のさらに先を考えるとき、そこにはまた別の様相が現れてくる。私たちの明日、あさってが、今日と同様に続くのだとしても、それは永遠に続くわけではない。人には誰でも死という限界があるからである。

たとえば17世紀のブレーズ・パスカル（1623-1662）は、現在の気圧の単位にその名を留めている科学者でもあるが、キリスト教信仰について深く思索した思想家でもあった。彼の生きた時代は近代自然科学の発展によって世界観・人間観が大きく変革されてゆく時期であったが、宇宙の時空が以前とは比較にならないほど広大なものと判明してゆく中で、彼は人間の置かれている状況について『パンセ』で次のように述懐している。

　　私は、この恐ろしい宇宙空間に自分が閉じ込められているのを眺め、この身がこの巨大な広がりのある片隅に結び付けられ

ているのに、どうして自分が余所ではなくこの場所に置かれているのかを知らず、また生きるために私に与えられたこのわずかな時間が、どうして他でもないこの時点、私に先立つ永遠と後続する永遠全体のこの時点に定められたのかを知らない。

　どちらを向いても、私に見えるのは、私があたかも原子、あたかも一瞬のうちに過ぎ去って戻ることのない影であるかのように、私を閉じ込める諸々の無限だけである。

　私はやがて死ななければならない。これが、私の知識のすべてである。しかし私が避けることのできないこの死、これこそ私の無知の最たるものだ。(『パンセ　中』岩波書店、2015年、74〜75頁)

　私たちの存在は、広大な宇宙に比べれば一個の原子のようなものに過ぎない。また、私たちの人生が、過去という無限の無と死後の無限の無に挟まれた偶然の一瞬に等しいことを思うとき、人はこの一生の虚しさ、無意味さに思いをいたさざるを得ない。「私はいずれ死んでしまってその後は無限の無があるだけなのに、私が今日やることにはいったいどんな意味があるのだろう」と。

　人類という視点　もっとも、もともと人間はひとりで生きているわけではない。家族、仕事や趣味の仲間、地域のまとまりなど、比較的身近な共同体から、国や世界人類といった大きなまとまりに至るまで、人間は集団で生活する動物であり、一人の人間が生きることは、そのまま何らかの形で他の人間にも影響を及ぼしているはずである。家族を作り、命を自分の次の世代に繋いでゆく人だけでは

第2節　直線的時間イメージをめぐる三つのアポリア　145

なく、他者のために仕事をする人は、たとえささかではあっても、人類という大きなまとまりのために何かしらの貢献をしているであろう。だとすれば、たとえ個人の命が無に帰すとしても、人類が人類として存続するなら、それに貢献した個々人の命も無駄ではなく、意味があったと考えるべきではないだろうか。

　けれども、私たちが時間直線のさらに遠い未来へと目を差し向けるなら、この人類の存続という事態そのものがけっして保証されているものでないということはただちに分かる。現生人類であるホモサピエンスと過去に枝分かれした原人が滅んだように、ホモサピエンスが滅びないという保証はまったくなく、繁栄を誇った恐竜がユカタン半島に落ちた一つの隕石によって絶滅したように、いつ環境の劇的変化が生じないとも限らない。また、人類は、自ら環境を慢性的に悪化させてもいるのである。さらに、太陽の寿命はあと五十億年程度で、いずれ膨張して地球を飲み込むと考えられている。環境問題を克服した人類がそれまで地上に生存していたとして、地球外惑星への移住が可能になるまで人類の科学力が高まっていないか、高まっていたとしても適した惑星がみつからない場合には、人類は地球上で滅亡することになる。仮にそのことがある時点で確実なものになったとしよう。この時点で人類の存在は意味のないものに見えてくる。結局人類の行っているすべての事柄はそこで無に帰するのである。「どうせ死んでしまうのだから人生は無意味だ」という嘆きを個人の死に関するものと捉えるなら、それは自分の死後の人類社会を考えることによって克服できる可能性があるが、この嘆きが「どうせ皆死んでしまうのだから人生は無意味だ」

という人類社会の確実な滅亡に関するものとなるとき、この無意味感は容易に乗り越え難いものとなるだろう。

終末論と輪廻 しかし、この困難を乗り越える方法がないわけではない。それは、人類の終末のさらに後に、別の形での人類の存続を考えるということである。たとえば地上のあらゆる肉体が消滅しても、魂と呼ばれるものがどこかに存在し続けると考えるのである。この方途は、もちろん個人的死の乗り越えの次元でも有効である。このように肉体の滅後にも私たちが別種の仕方で存続することを仮定するなら、もはや人生全体の無意味化の不安は取り除かれるだろう。

そしてそのような主張を伝統の中に探すなら、私たちは少なくとも二つの形態を見いだすことができる。その一つは、第一節で線分的時間として見た、キリスト教などの終末論である。それによれば、この世の終末の後に至福の永遠が到来し、神を信じる者は永遠の命に生きる。また、終末へと至る歴史は神の摂理によって導かれている。歴史はこの最終的な目的である救済へと向かって進むのであり、人の生全体は最終的なその目的から意味づけられることになる。いま一つは、ヒンドゥー教から仏教へ受け継がれるような輪廻思想である。それによれば、宇宙は生成消滅を繰り返し、そこに生きる人間も生まれ変わりを続けるが、この今の人生で私たちの為す行為の結果が次の世での私たちの人生に影響を与える。この輪廻転生は無限に繰り返されるが、私たちの今の人生の意味も、後の世への影響という形で確保されることになる。

しかし、このような線分的時間と円環的時間の双方とも伝統的信

仰に属するものである。もちろん現代でも伝統的信仰に生きている人々も多い一方で、多くの現代人がこうした歴史観に懐疑の目を向けているのも事実であろう。

ニヒリズム　人生に何ら意味を見いだせない状況は、一般にニヒリズムと呼ばれているが、現代社会にそうしたニヒリズム的状況が到来することを予言していたのは、1900年に没したフリードリヒ・ヴィルヘルム・ニーチェ（1844-1900）だった。彼は、遺稿の中で次のように言っている（『権力への意志（上）』ちくま学芸文庫、1993年）。「私の物語るのは、次の二世紀の歴史である。私は、来るべきものを、もはや別用には来たりえないものを、すなわちニヒリズムの到来を書きしるす。（13頁）」そして彼は、ニヒリズムとは何であるかについて次のように規定する。「ニヒリズムとは何を意味するのか？──至高の諸価値がその価値を剥奪されるということ。目標が欠けている。「何のために？」への答えが欠けている。（22頁）」

「なぜ？」という問いに対する答えが見つからないこと、私たちが行っていることの目標が見失われることが、ニヒリズムだとされる。以前のヨーロッパならば、その答えはたとえば永遠のイデア界を説くプラトン主義や終末論を説くキリスト教が与えてくれていたが、いまやそうした最高の諸価値が無価値になってしまった以上、人は必然的にニヒリズムに陥らざるを得ない、というわけである。

ニーチェは、そうした無意味な現実をあえて引き受ける運命愛を説き、それができる者を超人と呼んだ。しかしむしろこの超人という呼び方自体が、普通の人間がそうしたニヒリズムを乗り越えるこ

との困難さを裏書きしているとも言えよう。

(3) 過去性・未来性の消失

現在への閉じ込め　ここまでの二つの問題は、時間と存在（無）にかかわる問題であるが、直線的時間をめぐる問題には、時間の、時間としての本性にかかわるものもある。そしてそれは、先のラッセルの指摘にもすでに表れていた事柄である。ラッセルが「記憶─信念を構成するすべてのものは、いま起っている」と言っていたことを思い起こそう。これがどういう事態であるのか、もう少し考えてみよう。

　たとえば昨日の午後飲んだコーヒーのことを思い出すとしよう。私たちはそのコーヒーの様子を思い浮かべながら、それがすでに過ぎ去った過去のことだということも同時に認識している。しかし、この過去とはどういうことだろうか。というのも、私たちが昨日のコーヒーカップのイメージを頭の中に思い浮かべているとき、そのイメージは、今現在、私たちの脳裏にあるからである。目の前の風景をぼんやりと見ながら私たちが過去のカップのイメージを思い浮かべるとき、眼の前の風景も、カップの記憶イメージも現在にあるということでは同じように思われる。現在のものがどうして過去になるのだろうか。これは、昨日のことだけではもちろんなく、何年前でも何百年前でも、宇宙開闢のビッグバンでも同じである。また、未来のことも同様である。来年のサッカーの試合のことを予期してその想像をするなら、そのイメージは現在にあるだろう。すると私たちは結局、過去や未来のことを思い描きながら、現在から一

歩も外へ出ていないことになる。現在から出ていない過去や未来とはいったい何だろうか。

アウグスティヌスの思索　こうした奇妙な事態は、実はとうの昔に気づかれていたことで、本章の扉で言及したアウグスティヌスがすでに指摘していたことであった。

　　もし未来と過去とが・あ・るとするならば、私は知りたい。いったいどこにあるのかを。それを知ることが、まだ私には不可能であるとしても、すくなくとも次のことを知っています。どこにあるにせよ、そこにおいてそれは未来でも過去でもなく、現在であるということを。じっさい、もしそこにおいても未来であるとすれば、それはそこに・ま・だ・ないし、もしそこにおいても過去であるとすれば、それはそこに・も・う・ないはずですから。それゆえ、どこにあるにせよ、およそ・あ・るものはすべて、ただ現在としてのみ・あ・るのです。
　　・・・たとえば私の少年時代は、・も・う・ないものであって、・も・う・ない過去の時のうちにありますが、しかも私はその心象を、その時代を想起し物語るときには、現在の時においてながめています。(『告白 III』第 11 巻、18 章、中公文庫、2014 年)

　ところで、いま私にとって明々白々となったことは、次のことです。すなわち、未来もなく過去もない。厳密な意味では、過去、現在、未来という三つの時があるともいえない。おそらく、厳密にはこういうべきであろう。「三つの時がある。過去

についての現在、現在についての現在、未来についての現在」(同書、第11巻、20章)

アウグスティヌスはこのように述べて、上記三つの時は魂の中にあり、それぞれ記憶（過去についての現在）、直観（現在についての現在）、期待（未来についての現在）だとしたのである。

このようにみれば、現在のものである記憶や期待（予期）が、どうして過去を表すことができるのか、過去についての現在とか未来についての現在ということが矛盾を含まないのか、私たちにとって時間の根本的なあり方である過去―現在―未来という見方が、大きな問題をかかえていることが分かる。

フッサールの面的時間イメージ　この問題を、1次元の線として時間をイメージするのではなく、それを2次元の面としてイメージすることで克服しようとしたのは、現象学の創始者であるエトムント・フッサール（1859-1938）であった。

彼は時間意識の構造を考えるとき、メロディの知覚を例として検討する。メロディの知覚は、通常の外的対象（例えば目の前の机）の知覚と異なり、空間的な広がりをもたないので、時間の構造を考える際には好都合なのである。

たとえば、「ドレミ」というメロディを聴くとき、たった今過ぎ去った音（ドやレ）がそのつど完全に消失してしまえば、そもそもメロディの知覚は成立しない。また現在の音と同様に残存しているのなら、メロディではなく複数の音の和音が知覚されるだろう。メロディの知覚が成立するためには、過ぎ去った音が独特の変様を受

けて現在の音と共に認識されねばならない。それゆえ、フッサールの師であるフランツ・ブレンターノ（1838-1917）は、そのつどの今の音に、過去の音の記憶表象が直接的に連結すると考え、それを「根源的連合」と呼び、また、この連結を想像（想起）の働きによるとした。想像は、過ぎ去った音を再生し、それに過去という契機を付加するとしたのである。

　しかし、フッサールは、たった今過ぎ去った音を今の音に連結する働きは想像によるものではありえないと指摘する。なぜなら、想像された内容は、私たちが上で確認したように、現在にあるからである。昨日の出来事を想像（想起）するとき、この想像されたものは、現在において表象されている。したがって、それはたった今過ぎ去った音が持つような根源的な過去性は持ち得ない。そこでフッサールは、想起の働きとは別に、過ぎ去った音を独自の仕方で変化させながら保持し、メロディを成立させている働きを考え、それを「過去把持」と呼んだ。また未来についても、予期ではなく「未来把持」という働きを考えた。こうして、フッサールは、時間の流れが、つねに新たな印象の源泉点である「根元的印象」と、それに連続する、想起とは厳密に区別された「過去把持」および未来の部分でのその対応物である「未来把持」からなるとし、それを二次元の図表で表現した（次頁の図はフッサールの図表を一部修正したもの）。

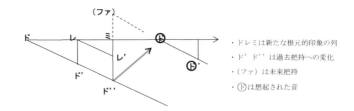

過去把持による変化と、想起による変化の相違はこのようにみれば明確であろう。たとえばレの音が今鳴っている時、先立つ音ドは過去把持的に変化して沈み込みながら、なお今の音と一緒に把握されている。また、ミが鳴っている時に、次はファかもしれないという未来把持が働いていることを図は表現している。これに対して過去に沈み込んでいるド"を今の地平にもう一度持ち上げるのが想起(二重線の矢印で示されている)の働きである。想起された音㋖は、再び過去把持的に変化して沈んでゆく。

この図表はフッサールが過去把持という概念を使って過去性を確保しようとしたことをよく表しているが、しかし、問題はこれで解決されたとは言えない。というのも、ここで根元的印象によって今が与えられ、過去把持によって過去が与えられると考える際に、根元的印象と過去把持とが連続した一体をなしている点に注意しなければならない。

「今」を与えると言われる根元的印象は、幾何学的な幅ゼロの点ではありえない。具体的な体験はすべて一定の幅を持たねばならないから、ミという音がなっている時、この音はすでに一定の時間幅を持つことになり、時間的変化を含んでいて、それゆえ音の最初の

方は過去把持的に変化していることになる。しかし、それでもこの一定の幅をもったミの音が「今」として把握されているとすれば、過去把持的変化も含めた全体が「今」とされることになるので、過去把持による過去性の確保は崩れてしまうのである。バイオリンなどの滑らかに変化する音を考えればわかりやすいかもしれない。バイオリンの音が滑らかに変化するとき、今の部分と先立つ部分は滑らかに連続してつながっている。私たちがそれを「今」として感じるとき、その「今」はどうしても一定の音の変化の幅を含むことになるだろう。そうすると、やはり連続的変化のうちの先立つ部分は過去把持的変化を受けて保持されていると考えざるをえない。したがって、過去把持が過去性をもたらすという想定は、そのままではうまくいかないのである。

おわりに このように、時間を直線としてイメージすることには難しい問題がつきまとう。けれども、私たちは普通、このことをあまり問題視しない。時間を線的に表象することから私たちは実生活上の多大な利益を受けているし、第一それ以外の時間のイメージの仕方など思い浮かばないからだ。しかし、時間を線としてイメージすることを徹底的に批判する議論もまた存在する。次節ではそれを見てみよう。

　問題① 　三つの難問のうち一つを選んで、それに対する自分の考えをまとめてみよう。

コーヒーブレイク 2

ハイデガー『存在と時間』の挫折

「存在」とは何かを探究する存在論は、西洋思想史上、由緒正しい議論であった。古代ギリシアのアリストテレスは、それを第一哲学と呼んだし、キリスト教思想では「存在」は神の本質をなすものと考えられたから、存在論は中世までは重視されていたのである。けれども近代認識論の父と呼ばれるジョン・ロック（1632-1704）は、神に関する論争を延々と続ける前に、人間が何をどこまで知ることができるのか、私たちの認識能力の吟味をすることが先だと考え、『人間知性論』（1690年）を著した。この傾向はその後も続いたので、存在論の探究はしばらく思想史の背景に退くことになる。

こうした状況の中、存在の問題に再び光を当てたのは、20世紀ドイツの哲学者マルチン・ハイデガー（1889-1976）だった。しかし、彼は中世の神学者たちの議論をそのまま復活させたわけではない。フッサールに学んだ彼は、存在とは何かについて漠然とした理解を持ち、それについて問うことのできる唯一の存在者である私たち人間自身（現存在と呼ばれる）の存在の理解と存在の仕方を手掛かりに、この問題に迫ろうとしたのである。前半部だけが急いで出版された『存在と時間』（1927年）は、追って後半部が出される予定であったが、彼はついにそれを諦めてしまった。彼の存在探究の方法のどこかに問題があったのである。独特の時間論を展開するこの本はそれでも非常に評判を呼んだが、ハイデガー自身はその後、存在探究の別の道を模索し続けることになった。

第3節　ベルクソンによる線的時間イメージの批判

(1)　ベルクソンの時間論と線的でない時間

流れ去る時間と積み重なる時間　時間の線的イメージの是非という問題を現代において真剣に取り上げ、自らの哲学の根幹に据えたのは、フランスの哲学者アンリ・ベルクソン（1859-1941）であった。

時間を円としてイメージするにしろ、直線としてイメージするにしろ、いずれも時間は一種の線的な進行として把握されているが、実のところ、時間が線を描いて流れているのを見たことのある人は誰もいないはずである。ベルクソンは、そうした時間の線的なイメージにそもそもの誤りがあると考えている。しかし、時間が一種の線でないとしたら、いったいそれはどんなものなのだろうか。また、ベルクソンは、どうして時間を線としてイメージすることがいけないと言うのだろうか。

たとえば人生は、しばしば川の流れに譬えられる。私たちは、人生という川の流れに船を浮かべて、どんどん先に進んでゆく旅人のようなものだというわけである。このようにイメージすると、私たちの過去はずっと川上の方にあり、私たちの未来は、これから船が進む川下の方、ということになる。このとき私たちの人生、あるいは時間というものは、川が一本の線であるように、線のようなものとしてイメージされている。そのことのいったいどこに問題があるのだろうか。

あるウイスキー会社の宣伝文句に「時は流れない。それは積み重

なる。」という名作がある。ウイスキーは、蒸留したては透明なのだが、樽の中で寝かせているうちに、あの独特の琥珀色に変化して行く。それで、ウイスキーが樽の中でじっくりと変化してゆく様子を「時は流れない。それは積み重なる。」と表現したわけである。先の、川の流れの譬えでは、過去は遠い川上に離れ去ってしまっているが、ウイスキーが熟してゆく様子は、ウイスキーの過去が遠くに流れ去るというよりも、それが自分自身の中で積み重なるとイメージした方がぴったりくる。つまり、この場合には、過去が現在と分離して、どこか現在とは離れたところに過ぎ去ってしまったというよりは、自分自身の中に積み重なり、今現在の状態のうちにまだ生かされているということになる。ウイスキーの過去の状態は、どこか遠い過去へと流れ去ったのではなく、今の状態のうちに一体となって生き続けている（図参照）。

生命の時間 実は、これは生命を持つものにとっては、皆言えることのようにも思われる。私たち自身がその一例である。誰でもかつては子どもだったが、次第に成長して大人になる。しかし、子ども時代の私というものが、どこか川上に、つまり時間の流れを遡った過去に留まっているかというとそうではなく、子ども時代の私は、まさに今現在の私の中に生き続けている。子どもの頃の私と今の私は、過去の私と現在の私として、川上と川下に別れて存在しているのではなく、子どもの私は今の私と一つであり、今の私の中に生かされている。それだけでなく、樹木の生長でも、動物の成長でも、命を持ったものが変化してゆくという場合には同じことが言えるのではないだろうか。逆に言うと、先ほどの「時は流れない。そ

れは積み重なる」という宣伝文句を作った人は、そのウイスキーがただの液体ではなく、命を持った生き物だということを、短い文句の中で見事に言い表したことになるわけである。

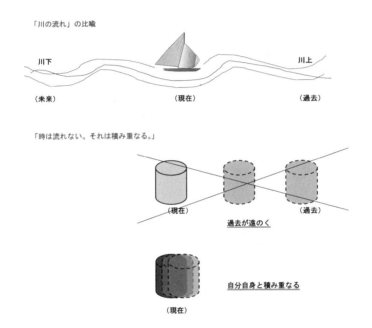

　ベルクソンが考えているのも、こうした時間だといってもいいだろう。彼は著作の中でしばしば巧みな比喩を用いて自分の考えを説明しているが、『創造的進化』（1907年）の中では、時間のあり方を「雪だるま」に譬えている。雪だるまは、最初小さな玉から転がし始めて徐々に大きくなって行くが、それは過去の自分を中に含みながら成長する私たち自身の姿に似ている。雪だるまの過去は、ど

こか遠い川上に残されているのではなくて、今現在の大きな雪だるまの一部となってそこに生かされている。私たちにとっての本当の時間とはそういうものなのだとベルクソンは言うのである。ベルクソンが時間のことを「持続」と呼ぶのもそうしたことと関係している。私は変化していながら私自身であり続けている。時間が経過するからといって、過去の私と現在の私に分裂するわけではない。そうしたあり方をベルクソンは「持続」と呼んだのであり、また、そのもっとも際立ったあり方を「純粋持続」と呼んだ。

(2) 時間の線的イメージの難点：時間の空間化

時間の空間化 ベルクソンの考えでは、時間を川の流れのように線でイメージすることには重大な難点が含まれる。先に言及したように、時間が線を描いて流れるのを見た人は誰もいないが、ノートの上に引かれた一本の普通の線ならば、誰でも見ている。この線と、時間の流れとはどこが似ていて、どこが違うのだろうか。

似ているのは両者とも連続的だということである。線は連続的だと思われるし、時間的変化も滑らかに連続しているように思われるので、この点は、両者とも共通である。では相違点は何か。それは、線の部分部分が、同時的に存在しているということである。そして一つのものと別のものが同時的に存在しているというのは、時間の特徴ではなくて空間の特徴だとベルクソンは言う。たとえば、部屋の中にある机と隣の机は同時的に存在しており、この同時的関係が、空間的関係である。線の部分部分も、隣り合う机と同じで、同時的に存在しており、空間的関係を形作っている。

ウイスキーが樽の中で熟成してゆくとき、また私たちが徐々に成長してゆくときの変化が時間的変化に他ならないが、私たちがその過程を一本の川の流れのように、線としてイメージしてしまうと、この時間的変化は、部分部分が同時的に存在しているような空間的関係にすり替えらることになる。ベルクソンはこれを「時間の空間化」と呼んだ。

時間の直観と知性による分断　それでは、なぜ私たちは、時間を空間化してしまうのだろうか。時間を線として捉えるということは、私たちの習慣に深く染み込んでいて、常識は時間の流れが一種の線であるということを疑わない。それはどうしてなのだろうか。ベルクソンの考えでは、それは私たちが時間というものを知性によって捉えようとするからである。私たちが時々刻々変化し、成長してゆくとき、私たちはその時間的変化というものをいわば直観的に知っている。しかし、私たちがその時間的変化を何とか言葉で説明しようとすると、私たちは知性を働かせないわけにはいかない。

　たとえば、ある人が何気なく紅茶を飲んでいるとしよう。休憩時間が次第に過ぎてゆくこと、時間的変化があることは、この人は直観的に知っている。カップの紅茶は次第に減ってゆく。ところで、この人がこの時間的変化を頭に思い浮かべようとして、カップいっぱいに紅茶が入っていたそのイメージを思い浮かべるやいなや、紅茶で満たされたそのカップのイメージは、その人の頭の中に今現在存在していることになる。このことは、私たちが先に確認したとおりである。こうして、想起されたものは、現在の私と同時的に存在していることになるが、これはベルクソンに言わせれば空間的関係

160　第3章　時間論

ではあっても時間ではない。この紅茶を飲む人が、紅茶が減ってゆく過程をもう少し詳しく思い浮かべようとして、紅茶が半分のときのイメージをこれに付け加えても同じである。また、この過程をどんどん詳しくしてゆけば、紅茶の量の変化は、なめらかな一本の線になるだろう（下図参照）。

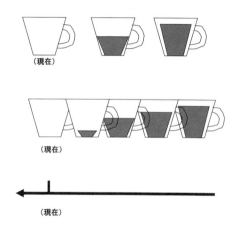

知性による同時的並置

（現在）

（現在）

（現在）

　こうして、紅茶カップのイメージがそれぞれみな同時的であったように、線の部分部分はみな同時的である。私たちは時間的体験をいわば頭で捉えようとしたために、過去のイメージを現在と同時化してしまい、それをつなげて空間的な線にしてしまうわけである。
　先の私たち自身の成長の例で言えば、私たちが子どもの頃の自分を思い浮かべ、そしてもう少し成長した自分を思い浮かべ、という具合に自分の成長を頭で分割して捉え、その後でそのイメージを連

続させて線にすれば、私たちの成長はあたかも川の流れのように諸部分が同時的な一本の線になる。しかし、ベルクソンがそう考えるように、それは私たちが知性でもって時間を説明しようとするからで、私たち自身の本当の時間とは直観される持続であり、過去が現在と分割されない形で今の中に生きている、雪だるま型と見るべきだというわけである。

　同じようなことは、未来についても言えるだろう。私たちが未来のことを頭で思い浮かべるとき、その未来のイメージはやはり現在と同時的にある。それは過去の線と逆方向のもう一方の線を描き出すことになるが、結局それも私たちの頭が描き出す空間化された時間にすぎず、私たち自身の本当の時間ではない、ということになるだろう。

(3) 空間化の起源

　時間と数　時間を数との関係で捉えるということも、私たちが時間を頭で考え、知性で捉えるということと大いに関係がある。私たちはカレンダーを使って予定を立てて生活しているし、また1日24時間、しょっちゅう時計を見て暮らしている。だから時間というものと数というものが密接に結びついていることはわかるが、この常識のいったいどこがおかしいのだろうか。私たち自身の成長の例で考えてみよう。

　私たちが、私たち自身の成長の過程を、数を使って表すとすればどうなるだろう。それは、誰でもがやるように、私たち自身の年齢と関係づければよいわけである。アルバムに貼られた幼い頃からの

写真は、これは3歳の頃の私、これは5歳の頃の私、これは20歳の頃、という具合に、その気になれば年齢順にきれいに並べることができるだろう。そうすると、そのようにして自分の成長に数字をつけて並べてゆくというのは、今の自分と過去の自分を分断し、空間的に並べてゆく一つの便利な方法だということがわかる。そしてこのように数と関連づけられて並べられた私の思い出の列も、もはや過去が現在と一体となって生きている私とは似ても似つかない、並置されて延び広がった私に変わっている。

　ベルクソンは、数が先に進むに従って増加してゆくということが、そもそも諸部分の同時性ということを下敷きにしているのだ、と分析している。ベルクソンは時間と数との関係を考えるときに、羊を数えるという例で説明しているが、羊が1匹、羊が2匹、羊が3匹、という具合に数が増加してゆくためには、最初の1匹が忘れ去られてしまって、次の1匹が出てきたときにどこかに飛んでしまってはいけない。そうすれば、いつまでたっても1匹目で、2匹目ということにならない。3匹目も同じことで、前の2匹が記憶に残っているから3匹目になるので、前の記憶がなければ、どこまでいっても1匹目である。つまり、数が増加して行くには、前の単位となるものが新しい単位に付け加えられねばならないが、これは2匹の羊を頭で同時的に捉えるということにならざるをえない。月日が1年2年と増加してゆくのも同じで、前の1年と次の1年を足してゆくから2年、3年と増えてゆくのであり、足してゆくということは、前の単位を何らかの形で残しておいて今のものと付加しなければならない。それでなければいつまでたっても1年目である。こ

の前の単位を今の単位に付加するというのは、二つのものが同時にあるのでなければ不可能である。去年と今年は同時である、などと言えば、たいへん奇妙なことになるが、紅茶の例で考えても、紅茶で満たされていたカップは過去であったにもかかわらず、今現在の空のカップと同時的に捉えられている。同じように、去年という1年は今年に先立っているのに、しかも頭では同時的に捉えられているわけである。

さて、このように、ベルクソンの考えでは、私たちが時間というものを数との関連で捉えようとするやいなや、私たちは時間を空間化してしまう。さらにまた、私たちは時間の長さを時計で測定するが、この測定ということも時間を数的に表現することが基礎になっているので、ベルクソンの考えからすると、本当の時間のありよう、すなわち純粋持続というものは、実は測定できない、測れないものだということになる。

運動への注目　さらに、この時間の空間化は、時間の数的把握のみによるものではなく、運動への注目によっても行われると言われる。実際、私たちはしばしば、たとえば走る車の位置によって時間の経過を捉えようとする。しかし、ベルクソンによれば、今の運動体の位置と、記憶が前の位置と呼ぶものとの間で私たちの意識によってなされる統合が、それらのイメージを浸透させ、そしていわば互いに連続させてしまう。運動する車の位置の連続は、先の紅茶カップの連続のように容易に結び付けられ、それゆえ、空間的な線になってしまう。こうして時間が空間に投影されるのは、とりわけ運動の媒介によってであると言われる。

アリストテレスの時間定義に抗して　ところで、以上で見たようなベルクソンの数概念の分析や運動に関する見解は、アリストテレスの叙述と対比してみると興味深い。というのも、第一節でもみたようにアリストテレスは、時間を定義して「以前と以後とに関する運動の数」と述べるからである。ベルクソンの時間論は、運動の媒介も数による表現も否定するので、アリストテレスの時間定義のほとんど逆の方向に進んでいると言える。

順序の否定　また、ベルクソンによれば、純粋持続においては、以前・以後という順序すら認められない。なぜなら、順序という観念でさえ以前の状態と以後の状態の同時的な並置を前提とし、これは空間化に他ならないからである。

時間と時間関係の区別　以上のベルクソンの議論からすれば、私たちはまた、時間と時間関係（ないし時間構造）とを区別しなければならないであろう。私たちがなんらかの「関係」に言及する場合、それは二者あるいはそれ以上の要素間の関係である。さらに、関係を成立させる二者以上の要素をイメージすることは、二者を同時にイメージすることに他ならない。二つの要素を別々に一つずつ認識し、先に認識された項の記憶がほんのわずかにでも残っていなければ、両者の関係を把握することは不可能であろう。もちろん、ここでイメージとか認識とか言っているのは、広い意味に理解されてよいのであり、関係を構成する各項の存在様式は自由で、記憶心像であってもよいし、たんなる概念的想定のようなものであってもかまわない。ところで、時間関係は、明らかに関係の一種である。したがって、それが関係である以上、二者以上の同時表象をその本

質としている。

　二者の関係について言えることは、三者以上の関係についても同様に妥当するし、また普通の意味での構造という概念にも妥当する。構造の概念は、一般に、複数の要素を含意し、それら要素間の関係の連鎖が構造と呼ばれるものと考えられるからである。この規定を満たすかぎり、過去－現在－未来という三者構造であれ、記憶－知覚－予期であれ同じことである。したがって、時間についてなんらかの関係や構造を述べたり、時間をそれらから説明したりしようとするのは、時間の本質についての重大な誤りだということになろう。

　ただ、十分注意しなければならないのは、純粋持続というものが諸部分の同時性から成り立つ系列という形態を取らず、時間線という我々に馴染みの形態が拒否されるからといって、この純粋な継起を幅のない「点」のようなものとして表象することもまた退けられねばならないということである。点の存在はすでに線を前提としており、それが空間的表象であることにはなんら変わりがない。むしろ私たちは、線や点や面といったイメージを一度はまったく取り払って現実の私たちの持続を見るべきなのであろう。

　不可分の現在　時間的変化というものは、ベルクソンによれば、川の流れのように一つの線ではなくて、雪だるまが大きくなってゆくようなものである。過去と現在とが分離していて、それらを並べて眺めることができるようなものではなく、過去は現在と一つであり、その中に生きている。こうした時間観からすれば、時間は延び広がった一本の線ではなくて、あるのはただ今という時、現在変化

している「雪だるま」だけである。ベルクソンは、これを「不可分な現在」とか「持続する現在」と呼んでいる。私たちは、この持続する現在を過去・現在・未来に分割して並べたり、以前と以後とに分割して並べたりするということもできないということになる。

(4) 純粋持続と存在（無）

空間関係と時間関係の区別　さて、しかし、私たちは、ここでベルクソン的持続論に対する一つの疑問を提出しなくてはならない。それは、空間化された時間、つまり時間関係（ないし時間構造）において、その関係を構成する諸項を区別している要因は何か、という問題である。時間関係の諸項はすでに時間性を剥脱されており、現在における同時的系列にすぎないのであるから、その諸項を区分しているのは、もはや、真の時間的異質性ではありえない。それでは、それは一体何であると言うべきであろうか。

　私たちが日常、時間と呼んでいるものは、ベルクソンによれば、むしろ空間であると言われるが、にもかかわらず、確かに私たちは、それを空間から区別している。私たちは、空間関係と時間関係とを同一のカテゴリーに入れることはしないのである。たとえば、二つの肉片の関係（空間関係）と紅茶カップの二つの状態の関係（時間関係）との相違が問題なのであり、私たちは通常、二つの肉片が「共存」すると考え、また紅茶カップの二つの状態は、「継起」の関係にあるというのである。

　ここで言われる「継起」が意味していることを知ることは、すなわち時間関係の諸項を継起として表現する時にそこに働いている要

因を知ることであるが、それこそはまさに、「存在」と「無」なのではないかと思われる。紅茶カップの以前の状態はもはや「ない」のに対して現在の状態は「ある」。その一方で、切り分けられた二つの肉片は、双方ともに眼前に「ある」。空間関係を構成する諸項は、何らかの意味でいずれもが「存在」とみなされる。それに対して、空間関係から区別される時間関係とは、まさにこの「ない(無)」と「ある(存在)」との同時表象だと考えることができるように思われる。過去や未来は、「ない」ものでありながら、現在と並置され、同時表象される。時間関係を構成する両項とは、ひとまず、この「無」と「存在」であったと言うことができるように思われる。時間関係を構成する項が「存在」と「無」であることによって時間関係は継起を表現し、それゆえ空間関係からも区別されるのである。

　別の言い方をするなら、私たちは、時間について関係や構造を語ってそれを空間化し、その果てに時間を線的で表現するとき、過去や未来の部分を「無」として表象せざるをえないとも言えよう。なぜならば、そうしないと、空間関係と時間関係を区別できず、またたんなる空間的な線と、時間を表現している線とを区別できないからである。それゆえ、私たちは、時間的変化を関係として把握し、線でイメージしようとするとき、いわば必然的に過去や未来の部分を「無」として表象せざるをえないのである。私たちが前節冒頭で見たアリストテレスの難問は、時間的変化を線的な表象で捉えようとする限り、人が必然的に陥らざるをえない罠だとも言えよう。

純粋持続と存在（無）　しかし、それにしても、こういった「無」と「存在」の同時表象は、ベルクソンの立場からすれば「並置」であって、時間の空間化に他ならないのであるから、当然批判されるべきはずのものである。過去（無）と現在（存在）、あるいは未来（無）と現在（存在）の並置をやめたとき、すなわち純粋持続においては、この無と存在とは一体どのようなありさまを呈してくるのであろうか。私たちは、ベルクソンの無に関する考えを見なくてはならない。

『創造的進化』第四章で、ベルクソンは「無」についての考察を展開しているが、そこで彼が主張することは、〈無の観念は、私たちがそれを存在の観念と対置する時に理解する意味においては、ひとつの偽観念である〉ということである。彼によれば、空虚（無）という概念は、意識がそれ自身に遅れ、他の状態がすでに現前している時に、前の状態の記憶に執着したままの時に生ずるという。つまり、私たちが前の状態を現在の状況の中に見ようとする時、その前の状態は、現在において無として表象されるというわけである。それゆえ、回想と期待の能力を持つ存在者にとってしか不在は存在しない。満たされた紅茶カップを記憶の内に想起するからこそ、私たちはそれを無として表象するのであり、記憶がなければその無も生じないのである。記憶も先見も授けられていない存在者においては、存在するもの、人が知覚するものとは、あるもの、あるいは他のものの現前であり、けっして何ものかの不在ではない。回想や期待といった知性による操作を排除してしまえば、過去や未来を無として表象することもないのであり、そこには常に新しいものの「存

在」があることになる。そこでは、継起は無を産み出さない。無から存在へと生成し、存在から無へと帰ることはない。「持続する現在」においては、継起がそのまま存在なのである。

(5) 今を生きるということ

　本当の時間には過去も未来もない、以前も以後もない、それを数字で表すこともできないし、時間を計ることもできない。これは、私たちが普通、時間ということで考えていることのほとんどをひっくり返しているようなものである。それは常識的な時間観に徹底的に反しているので、にわかには信じがたいに違いない。しかし、私たちがこの節の冒頭で見たような、ウイスキーの熟成の例や私たち自身の成長の例に当てはめてみれば、彼が言っていることは、よく耳を傾けてみるだけの価値のあることだとは思われないであろうか。

　また、私たちが第2節でみた三つの難問は、いずれも時間を線としてイメージすることを前提としていた。しかし、その前提そのものが変更されるなら、そこにそうした難問からの脱出口を見つけ出せるかもしれない。

　もっとも、私たちは時間をめぐるこのような考察から、もっと身近な教訓を引き出すこともできるだろう。現代人は、いわば時間に追われる生活をしていて、私たちは、何かしら皆時計を身に着けるか始終見るかして、タイムスケジュールどおりの生活を送ろうとしている。決められた時刻を正確に守ることは美徳であり、逆に時間にルーズな人は嫌われる。私たち自身の人生設計も同じことで、私

たちは、自分の人生設計を考えて、明日はこれをしよう、1年後はこうして、5年後はこう、と計画し、ローンを組み、あるいは貯蓄をする。計画どおりに行かないと憂鬱になり、来し方を嘆き、行く末を案じて日々を送っている。学生は一生懸命勉強して試験に合格しようとする、合格してどうするかといえば会社に入る、入ってどうするかといえば早く課長になる、課長になったら部長、部長になったら社長、とどこまでもきりがない。その先、その先と先取りして、現在の生活を楽しむ余裕など本当はどこにもないのではないか。

　本節で追ってきた議論は、それは結局あなたが自分の頭の中で過去から未来へ続く時間の道を作り、自分をそこにはめ込んでもがいているだけで、本当はそんな道などありませんよ、というのである。私たちは確かに変化する世界に生きているが、この変化に過去や未来を持ち込むのは私たちの思考や知性であって、本当はただ一つの現在しかないのだと。たとえば飼い犬のポチも猫のミーも、過去を悔やんだり将来のことを心配したりはしないだろう。現在の散歩を楽しみ、夜中の集会を楽しんでいるかもしれない。だから、私たちもむしろ彼らを見習って、もっと今を生きるということを大事にしなくてはならないのではないだろうか。

　しかし、私たちは犬や猫のように、目の前のことだけを考えて暮らしたりするわけにはいかない。そんなことをすれば、私たちはたちまち日々の糧を得ることにも困ってしまうだろう。私たち人間には知性というものが与えられているのだから、それを使って未来を予測し、過去の歴史から学ぶことは人間として極めて大切なこと

で、ベルクソンもそれを否定しはしないだろう。ただ、私たちは知性をうまく用いればいいのであって、逆に知性にがんじがらめになってそれに縛られ、自分が作り出した時間の線に呪縛されるようなことがあってはならない、ということであろう。したがってまた、今に生きるということも、「今さえよければ」という刹那主義的な生き方がよいと言っているのではなく、自分たちを苦しめている過去や未来へのよけいな捉われは捨てよう、ということであろう。そしておそらく、今という時間を精一杯生きるということが、私たち命あるものの本当の生き方につながるのである。

問題① ベルクソンの立場から第2節でみた三つの難問に回答するとすれば、どのようになるだろうか、考えてみよう。

参考文献
第一節
・真木悠介『時間の比較社会学』岩波現代文庫、2003年
・エドモンド・リーチ『人類学再考』思索社、1990年
・永藤靖『古代日本文学と時間意識』未来社、1979年
第二節
・W. ジェームズ『心理学 下』岩波文庫、1993年
・バートランド・ラッセル『心の分析』勁草書房、1993年
・パスカル『パンセ 中』岩波書店、2015年
・ニーチェ全集12『権力への意志 上』ちくま学芸文庫、1993年
・アウグスティヌス『告白 1〜3』中公文庫、2014年
・新田義弘編『フッサールを学ぶ人のために』世界思想社、2000年
・佐藤透『人生の意味の哲学―時と意味の探求』春秋社、2012年
第三節
・ベルクソン『時間と自由』岩波文庫、2001年
・ベルクソン『創造的進化』ちくま学芸文庫、2010

第4章　現代における倫理

　倫理学とはなんだろうか。哲学の思考が倫理や道徳に向かうとき、倫理学が成立する。倫理学は哲学の一部であり、道徳哲学と呼ばれることもある。倫理学が主題とする倫理や道徳は、私たちが生きていく上で不可欠の根本的な規範である。殺すな、盗むな、騙すなといった倫理に私たちは時々刻々したがい、社会生活を営んでいる。だが、なぜ倫理を哲学的に探求しなければならないのだろうか。それは、倫理的に考え行為するとき、回答するのが困難な問題（倫理問題）に、私たちがしばしば遭遇するからである。とりわけ、複雑化した現代社会は、多様な倫理問題を私たちに突きつけている。本章では、おもに世界規模の貧困という倫理問題を切り口にして、倫理学の思考の本性に迫ってゆく。

第1節　貧困問題から倫理学へ

(1)　倫理学とはなにか

規範・倫理・倫理学　日常生活がいつもどおりに滑らかに進行するとき、規範の存在が私たちの思考の主題となることはほとんどない。なぜなら、私たちは通常は規範を内面化し、そのことを意識することなく規範に従っているからである。横断歩道を安心して渡ることができるのは、道路交通法という法的規範に私たちが従っているからである。見ず知らずの他人と身体を密着させなければならない満員電車に乗ることができるのは、私たちが乗客としてのマナーや慣習といった社会規範に従っているからである。規範が存在し、規範が遵守されることによって、私たちの日常生活は滑らかに進行してゆく。他方、もし規範が存在しなければ事態は一変することだろう。他者たちを前にして、どのように行為すべきなのかということを、私たちはその都度考えなければならないことになる。だが、行為の善悪を決める規範があらかじめ存在しないのだから、その結論を導くのはひどく困難であろう。規範は、私たちの行為を指示し、また行為の善悪を判断する基準となることによって、私たちの生活を安定させる。それだから、他者とともに生きてゆくためには、規範はなくてはならないものである。規範には法や慣習など多くの種類があるが、倫理もその一種である。とくに倫理は、「他者を殺すな」「他者から盗むな」「他者を騙すな」「他者を助けよ」「他者を公平に扱え」といったような、人間が共同生活を営む上で不可欠で根本的な規範を意味している。倫理の存在しない社会を想像す

ることは難しい。

　倫理が存在することによって滑らかに進行するはずの日常生活も、しばしば暗礁に乗り上げることがある。「どのように行為するのが倫理的に正しいのか」「なぜそうであるのか」ということを容易に決定しえない問題に、私たちは幾度も遭遇するからである。このような問題を倫理問題と呼ぶ。たとえば、「嘘をつくことが許される場面は存在するのだろうか」「困窮した友人にどこまで支援すべきなのか」といった日常的な疑問も、典型的な倫理問題である。さらには、科学技術の発達した現代社会が生み出す様々な問題も倫理問題である。先天的な障害を理由にして人工妊娠中絶を行うことは許されるのだろうか。地球環境問題が深刻化する状況のもとで大量生産大量消費のライフスタイルを続けることは許されるのだろうか等々。これらの倫理問題に遭遇するとき、普段は後景に退いていた倫理という存在が前景化し、私たちの思考はそこに向かってゆくことになる。

　倫理学は、このような倫理的思考、そして倫理的思考が取り組む倫理問題を探求の対象とする。なぜだろうか。第一に、私たちの「素朴な」倫理的思考それ自体が問題含みである。たとえば、同一の倫理問題について異なった判断が下されることを、私たちは知っている。安楽死の是非をめぐっては、人々のあいだで意見が大きく分かれるだろう。多様な判断が存在するときには、議論を整理し、多様な判断がどのような根拠からなされているのか、どのような根拠が正当だと言えるのかといったことについて、一歩踏み込んで考察を深めることが必要となる。第二に、同一の人物の判断も、同一

の人物の判断であるからといって一貫しているとはかぎらない。た
とえば、動物の虐待の場面に出くわし、それが許されないと判断し
た人物が、イルカの追い込み漁のニュースに接しても、なにも感じ
ないことがあるかもしれない。この人物の思考は一貫しているのだ
ろうか。それとも矛盾しているのだろうか。第三に、私たちの判断
はなんからの偏見に基づいているかもしれない。しかし、なにが偏
見で、なにがそうではないのだろうか。最後に、私たちの倫理的思
考が応答する倫理問題も自明ではない。倫理問題の問題性はどこに
潜んでいるのか。私たちは、その問題を正確に理解しているのか。
かくして、問われるべき多くの論点が存在することがわかる。そし
て、そうした論点を探究するのが、倫理学なのである。

　倫理問題から倫理学へ　本章では、倫理学の営みに迫るために、
具体的な倫理問題を切り口として用いる。それは世界規模の貧困問
題である。世界の貧困問題は、次のような深刻な事態を指す。現
在、世界では8億もの人々が1日あたり1.25ドル以下の所得で暮
らしている。このような状態を極度の貧困状態と呼ぶ。極度の貧困
状態は、子どもの死亡率に影響を与える。ユニセフ『世界子供白書
2016』によると、2015年における5歳未満の子どもの死亡率は、
アンゴラでは1,000人当たり157人である（https://www.unicef.
or.jp/sowc/pdf/UNICEF_SOWC_2016.pdf）。この数字の深刻さは、
たとえば1,000人当たり3人という日本の数字と比較すれば明らか
である。伝染病や、下痢による脱水、栄養失調によって幼い命が夥
しく奪われてゆく。しかも、それらは避けがたいものではなく、先
進国なら容易に予防することが可能なものばかりである。このよう

な数字から垣間見える深刻な現実に胸を痛める者は少なくないだろう。そして、このような状況を放置してよいと考える者は少ないだろう。多くの人々が、このような状況は悪いことだと判断するだろう。これは典型的な倫理的判断である。倫理学は、あえてこのような判断を思考の主題とする。

　だが、なぜそのような思考の営みが必要なのだろうか。というのも、世界的規模の貧困を解決すべきであることは当然のことではないか、という反論が十分に予想されるからである。しかし、まさにそのような判断が批判的に吟味されなければならない。たとえば、次のような発想を知るなら、このような吟味の必要性が理解できるはずである。ガレット・ハーディン（1915-2003）という生物学者は、貧困者への援助を否定した。なぜなら、ハーディンによると貧困者への援助は大規模な人口増加を招き、一層貧困者を増やしてしまうからである。（ガレット・ハーディン「救命艇上に生きる」、『地球に生きる倫理──宇宙船ビーグル号の旅から』松井巻之助訳、佑学社、1975年、所収）。このような問題提起がある以上、貧困問題を解決すべき理由がなお思考されなければならない。

　他方、貧困問題を解決すべきであると主張する論者のなかには、次のような主張を行う者もいる。貧困は悪であるから、その解決は倫理的な義務である。義務である以上、倫理的に正しく生きるためには、貧困問題の解決のために一定額を援助機関に寄付すべきである。そうしなければ、倫理的に間違った生き方をしていることになる。このような主張は許容できるだろうか。読者のなかには、貧困の解決に取り組むことは倫理的に正しいことかもしれないが、それ

は各人の善意に委ねられるべきであると考える人も多いのではないだろうか。貧困問題は解決すべきだとして、そのための寄付は義務なのか。それとも、慈善として各人の善意に任されてよいのだろうか。どちらが倫理的に正しい判断なのだろうか。

　貧困は悪なのかどうか、なぜ悪なのか。貧困の解決は義務なのかどうか。こうした問いが、まさに倫理学によって掘り起こされ、思考されるのである。このように、貧困問題について根本まで掘り下げるなら、倫理学的な思考の必要性が明らかとなるだろう。私たちの「素朴な」判断は、正しいかもしれないし間違っているかもしれない。かりに私たちの判断が正しいとしても、その正しさは、いまだ堅固な基礎のうえに築かれてはいない。私たちの普段の素朴な倫理的思考から距離をとり、その思考の妥当性を突き詰めてゆくこと ―― これが倫理学の必要とされる理由の一端なのである。

(2) 倫理学の二大潮流

　倫理的行為の構造　援助機関への寄付は義務であるという主張は、実は、現代のもっとも著名な倫理学者の一人であるピーター・シンガーによってなされたものである。この主張は、功利主義（utilitarianism）という倫理学の代表的な理論にもとづいている。そしてまた、功利主義にどのように応答するのかということが、現代の倫理学の論点の一つでもある。それゆえ、倫理学の発想はどのようなものか、現代の倫理学にはどのような理論があるのかということを知るには、シンガーの援助論は好都合な素材である。したがって、本節では、シンガーの援助論を入り口として倫理学の領野

に足を踏み入れることになる。しかし、そのためには、いくつかの予備知識が必要となる。あらかじめその点を確認しておく。

倫理的行為の構造

図1

　シンガーの主張は功利主義という立場からなされている。功利主義の特徴については後に詳しく確認するが、ここでは帰結主義（consequentialism）という特徴について、その理解を深めておく。帰結主義がどのような立場であるかを理解するためには、倫理的行為の構造をあらかじめ把握しておかなければならない。図1を見てほしい。これは倫理的行為の構造を表したものである。たとえば、だれかが池で溺れている場面を想定しよう。倫理的行為は、「溺れている人を岸に引き上げるために池に飛び込む」という行為である。この行為がなされたことによって、溺れている人の生命が救われる。これが行為の帰結である。さらに、救出者が飛び込んだ理由も存在する。救出者は、人助けが「人の道」だと考えたのかもしれないし、人助けをして有名になりたいと考えたのかもしれない。こうした理由が行為の動機となって、行為が引き起こされる。

　帰結主義は行為の善悪を判断する際に、行為の動機を捨象し、もっぱら行為の帰結に注目する。つまり、帰結主義は、行為の帰結が善であるか悪であるかによって、その行為の善悪を判断する。この例では、人命救助という善い帰結がもたらされたので、池に飛び込んで人を岸に引き上げるという行為は善い行為であったと判断される。一方、行為に先立つ理由に注目し、行為の善悪を決定する立

場がある。通常、私たちは行為が帰結するのに先立って、なにをなすべきか、なにが善い行為であるかということをあらかじめ知っているはずであり、その知識にもとづいて行為するだろう。この事例では、救出者が「困っている人を助けることは善いことだ」という信念にしたがって行為したとしよう。この場合は、結果のいかんにかかわらず、その人物は善い行為をなしたのである。行為に先立つ要素に注目する立場を、帰結主義と対比的に非帰結主義と呼ぶことがある。非帰結主義のなかでも、義務を行為の動機とすべきだとする考え方を義務論と呼ぶことがある。近代ドイツの哲学者イマヌエル・カント（1724-1804）は、義務論の立場に分類されることがある。

拷問の思考実験　行為の帰結に注目するのか、それとも、行為に先立つ要素に注目するのか。どちらに依拠するのかに応じて、倫理学の立場が大きく分かれる。そして、どちらの立場を採用するのかということは、倫理問題をめぐる思考に大きな影響を及ぼす。そのことを理解するために、ある思考実験を援用しよう。大規模なテロを防ぐための拷問は許されるかという思考実験である。

　あるテロリストが逮捕された。このテロリストは、間近に発生することが確実である大規模なテロの核心的な情報を握っている。この情報を入手すれば、テロの犠牲者が大量に出るのを防ぐことができる。このテロリストには無実の息子がいる。この息子を拷問にかけたなら、このテロリストが自白するのは確実であることが分かっている。この場合、大規模なテロを防ぐために無実

の息子を拷問にかけることは許されるだろうか。(この思考実験は以下による。ジュリアン・バジーニ『100の思考実験』向井和美訳、紀伊国屋書店、2012年、136-137頁)

　テロという甚大な悪を防ぐためには、無辜の者に対する拷問はやむをえないだろうか。拷問はやむをえないと判断する人は意外に多いようである。他方、たとえ大規模なテロを防ぐためだとはいえ、無辜の人物に拷問を加えることは絶対に許されないと考える人もいる。なぜなら、無実の人に拷問を加えることは、通常は倫理的に許されることのない明白な悪行だとみなされているからである。どのように判断したらよいのだろうか。
　ある種の帰結主義はこの拷問を容認するかもしれない。拷問をせずに多数の無辜の生命が失われるという帰結と、たった一人への拷問によって多数の無辜の生命が救われるという帰結を比較した場合、後者が望ましいと考える余地は十分にあるからである。このような推論に対して、無辜の者に拷問を加えることはそれ自体が悪いことなのだから、いかなる場合でも拷問を行ってはいけないと考えることもできる。拷問が悪であることはその帰結にかかわらず自明であって、拷問がもたらす帰結には影響されないという考えである。これは非帰結主義的な発想であろう。このように、どのような倫理理論を採用するのかに応じて、異なる結論が導かれる可能性がある。だから、反対に、どのような倫理理論を採用するのかということは、倫理問題を考える際にきわめて重要な問題となる。

(3) 功利主義とはなにか

功利性の原理　さて、帰結主義を代表する理論としては功利主義が有名である。功利主義は、近代イギリスの哲学者ジェレミー・ベンサム（1748-1832）とジョン・スチュアート・ミル（1806-1873）によって提唱された立場である。彼らの功利主義は古典的功利主義と呼ばれるが、功利主義はその後も様々な改訂を施されることで命脈を保ち、現在もなお有力な倫理理論でありつづけている。帰結主義としての功利主義の特徴はなんであろうか。繰り返せば、帰結主義は行為の帰結に注目し、善い帰結をもたらす行為が善い行為であり、悪い帰結をもたらす行為が悪い行為である、と考えるのであった。それでは帰結の善悪はどのようにして判定されるのだろうか。この問いに一つの答えを与えるのが功利主義である。

　古典的功利主義によると、行為の善悪を決定する基準は、その行為が生み出す幸福の量である。ちなみに、功利性（utility）とは、幸福を生み出す傾向や性質のことである。功利主義によれば、幸福とは快楽のことであり、不幸とは苦痛のことであるから、快楽を増大させ苦痛を減少させる行為が善い行為である。私たちは、ある行為の影響を受ける者一人あたりの幸福（快楽）を、そして関係者全体の幸福（快楽）を増加させるように行為すべきである。そして、そのような行為を肯定し、反対の行為を否定すべきである。これが功利主義の基礎となる発想、つまり功利性の原理である。ベンサムは次のように述べる。

　功利性の原理とは、その利益が問題になっている人々の幸福を

(……) 促進するようにみえるか、それともその幸福に対立するようにみえるかによって、すべての行為を是認し、または否認する原理を意味する。(ベンサム『道徳および立法の諸原理序説』山下重一訳、『世界の名著49　ベンサム／J・S・ミル』中央公論新社、1979年所収、82頁)

しかし、なぜ幸福を増加させることは善いことなのだろうか。答えは単純である。ベンサムやミルが用意する答えは、人間の本性に関する仮説に依拠している。彼らによれば、人間はその本性によって快楽を求め苦痛を避ける。「自然は人類を苦痛と快楽という、二人の主権者の支配のもとに置いてきた。私たちが何をしなければならないかということを指示し、また私たちが何をするのであろうかということを決定するのは、ただ苦痛と快楽だけである」(同書、81頁)。人間は快楽を追い求めるよう定められた存在である以上、快楽を、それゆえ幸福を実現することは倫理的に善いことなのである。反対に、それを実現しないなら、それは倫理的に間違った行為であることになる。

功利主義の特徴　功利性の原理に依拠するベンサムやミルの功利主義は、以下のような三つの特徴をもつと言われる。

1. 帰結主義 —— 善い帰結をもたらす行為をなすよう命じる。
2. 快楽主義 —— 快楽を増加させる行為が善い行為とされる。
3. 総和主義 —— 関係者全体の快楽を増加させるよう命じる。

これとよく似た発想を巧みに用いて援助論を正当化したのがシンガーである。次項では、シンガーの援助論を検討する。それによって、貧困問題に関する倫理学的な思考の、一つのかたちを垣間見ることができるであろう。

(4) シンガーの援助論

寄付のための論証　シンガーは、貧困問題を解決するために寄付をすることは、豊かな国の住人たちの倫理的な義務であると考える。そして、シンガーによれば、寄付は倫理的な義務であるのだから、寄付をしないような生き方は倫理的に間違った生き方である。シンガーは以下のような論証によって、そのことを示そうとした。

前提①　食料、住居、医療の不足から苦しむことや亡くなることは、悪いことである。

前提②　もしあなたが何か悪いことが生じるのを防ぐことができ、しかもほぼ同じくらい重要な何かを犠牲にすることなくそうすることができるのであれば、そのように行為しないことは間違っている。

前提③　あなたは援助団体に寄付することで、食料、住居、医療の不足からの苦しみや死を防ぐことができ、しかも同じくらい重要な何かを犠牲にすることもない。

結　論　したがって、援助団体に寄付しなければ、あなたは間違ったことをしている。

（ピーター・シンガー『あなたが救える命 —— 世界の

貧困を終わらせるために今すぐできること』児玉聡・石川涼子訳、勁草書房、2014年、18頁以下。表記を一部変更。)

　この論証で焦点となっているのは、寄付によって減少する苦しみ（悪）と寄付が生み出す苦しみ（悪）との関係である。まず、前提 ① において、シンガーは、貧困からは苦しみが生じ、この苦しみは悪であると考える。これは功利主義的な基本発想であろう。だから寄付をして、貧困が生み出す苦痛を減少させなければならない。これも功利主義的な発想である。しかし、ここで問題が生じる。寄付は、寄付を行う者に苦しみや犠牲を引き起こすからである。というのも、自由に使えたはずの一定額を寄付することは、寄付者に犠牲と負担を強いることだからである。寄付によって、貧困者の側には苦しみの減少が帰結し、寄付者の側には苦しみの増加が帰結する。だとしたら、寄付を正当化することはできるだろうか。

　貧困問題と総和主義　このジレンマを解消するのが前提 ② である。悪いことを防ぐために犠牲や負担が発生するとしても、それが小さければ、私たちはその犠牲や負担を引き受け、悪を防ぐべきである。事実、私たちはそのような原則にしたがって生きているのではないか。そのようにシンガーは主張する。この主張を裏付けるために、シンガーは池で溺れる子どもの例をあげる。子どもが浅い池で溺れているような場合、私たちは多少の犠牲（服が汚れるとか人を待たせてしまうとかいった）を払ってでも子どもを救うべきだと考えるであろう。そのように考えるとき、私たちは前提 ② を受け

入れている。援助組織への寄付も、小さな犠牲で大きな悪を防ぐという点では溺れる子どもの例と異なるわけではないから（前提 ③）、この原則にしたがって私たちは寄付をしなければならない（結論）。

　この推論で巧みに利用されているのは、総和主義の論理である。極度の貧困状況にある者たちと先進国の豊かさを享受する者たちとを比べると、たとえば 1,000 円という金額のもつ意味は大きく異なる。後者にとって、1,000 円の寄付によって生じる苦しみはさほど大きなものではないだろう。他方、前者にとっては 1,000 円が減ずる苦しみは相当に大きいに違いない。1,000 円の寄付による苦しみの増加と苦しみの減少を世界全体で考えるなら、きっと苦しみの減少の方が圧倒的に勝る。それだから、関係者全体の幸福の量を増加させる総和主義の原則にしたがうなら、先進国の豊かさを享受する者たちは寄付をすべきことになる。

　このシンガーの論証について納得することはできるだろうか。読者の思考を触発するために、シンガーに対する二つの批判を紹介する。まず結論についてである。援助のためのボラティア活動をしているが、寄付はしない人物がいるとしよう。この人物は、シンガーの論証にしたがうと寄付をしていないので悪を犯していることになる。そのように判断することは許されるだろうか。もうひとつの批判は、溺れた子どもの例を持ち出すことは適切かという批判である。溺れた子どもの救助は一度限りのものであるが、貧困問題に関してはそうはいかない。膨大な数の貧困者がいるからである。ある貧困者を援助したら、別の貧困者に援助をし……という連鎖のなかに私たちは投げ込まれてしまう。これは、シンガーが想定するよう

な小さな負担を超える負担であろう。小さな負担であるから寄付すべきであるという主張は世界規模の貧困には妥当しないことになってしまう。そのような批判も可能であろう。

シンガーの論証に対しては、他にも様々な疑問が提示されている。はたして、シンガーの論証を擁護することはできるだろうか。あるいは、反対に、シンガーの論証を完全に否定しきることはできるだろうか。

(5) 終わりに

日常生活において経験する様々な問題が倫理学へと通じる通路となる。本章が焦点を合わせた世界の貧困問題もそのような通路の一つである。もちろん、倫理学のことを詳しく知らなくとも、これらの問題について考えることが可能である。ときには、半ば直観的に結論を導くこともできる。だが、そうした思考は、批判的な吟味の対象とならざるをえない。理由は単純である。様々な倫理問題に与えられる回答に対しては、つねに別の回答が突きつけられるからである。いくつかの主張が競い合うとき、どの主張が正当であるのかを思考しなければならない。それぞれの思考には、矛盾や飛躍がないだろうか。そのような思考は密かに偏見によって導かれていないだろうか。そうした事柄についての検討が不可欠になる。そのような課題に真摯に取り組もうとするなら、倫理学という専門的なアプローチが必要になる。そこに倫理学の存在理由の一端がある。

しかし倫理学は決して一枚岩ではない。いくつかの有力な倫理理論が林立し、それぞれの理路にしたがって倫理問題にアプローチし

ている。本節で主に触れたのは功利主義であるが、それ以外にも多様な理論が存在している。そのことが倫理学を分かりにくくしているという側面は確かにある。だが、倫理理論の林立という事態は、私たちの生に深く根ざしたものであるように思われる。私たちは様々な価値観や行為の原則にしたがって、ときに意識的にときに無意識的に生きている。それらの価値観や原則は、人々のあいだで、そしてときには一個人の内部で齟齬をきたすことさえある。倫理理論の多様性は、そうした私たちの生の多様性と複雑さを反映しているのである。

　さらに、このことは同時に倫理学の可能性を示唆している。それぞれの個人がどのように生にコミットするのか、そのことに選択肢の広がりがあるように、私たちが直面する倫理問題へのアプローチも選択肢の広がりがある。つまり、倫理学的な思考の可能性は一つではないのである。だからこそ複数の思考のせめぎ合いが生じるけれど、それは同時に、倫理問題を多様な視点から眺め、その理解を深めることに通じるのである。

　問題①　読者がこれまでに遭遇した倫理問題にはどのようなものがあるか。また、その倫理問題にどのような答えを、どのような根拠から与えただろうか。
　問題②　日常生活において功利主義的発想が採用されるのはどのような場面か。また、功利主義の発想にはどのような問題点があると考えられるか。
　問題③　シンガーの論証に誤謬はないだろうか。また、その結

論を受け入れることは可能だろうか。

コーヒーブレイク 1

経験マシーン

　ロバート・ノージック（1938-2002）という哲学者が編み出した「経験マシーン」という思考実験がある。経験マシーンに入ると、タンクのなかに浮かぶあなたの脳がコンピュータと繋がれ、思いどおりの出来事を非常にリアルに経験することができる。また、記憶も操作され、経験マシーンに入っていることさえ忘れてしまう。今日いうところのバーチャル・リアリティがずっと進化したものだと考えればよい。あるいは、『マトリックス』という映画を思い起こせばよいかもしれない。この思考実験は、功利主義の特徴である快楽主義を批判するために持ち出されることがある。ここでは、経験マシーンのなかでは幸福を感じるような出来事だけが経験されると想定しよう。快楽主義にしたがえば、快楽を増大させる行為が善い行為である。そうだとしたら、経験マシーンに入るべきだという結論が快楽主義から導かれそうである。しかし、経験マシーンに入った人物は本当に幸福なのだろうか。幸福でないと考える人は、この結論が私たちの直観に反するがゆえに、快楽主義を標榜する功利主義には誤謬が存在すると主張する。あるいは、幸福には快楽以外の重要な要素があると主張する。はたして、功利主義者自身は経験マシーンに入りたいと思うだろうか。あるいは読者はどう考えるだろうか。経験マシーンに抵抗感を抱くとしたら、それはなぜだろうか。このようなことを考えた人は、すでに哲学の領野に足を踏み入れている。

第 2 節　正義としての倫理

(1)　分配のジレンマ

分配問題との遭遇　本節では正義について採り上げる。正義の詳しい定義は後ほど確認するが、ここでは写真 1 を参考にして正義の意味を簡単に確認しておく。これは正義の女神像の写真である。この女神像にかぎらず、正義の女神像の多くは片手に天秤をもっている。なぜだろうか。この天秤が正義を象徴するからである。天秤を用い、ある物の重さを測るとき、一方の皿には測定される物体が、他方の皿には重りが載せられる。そして載せられる重りの数が調整されて、天秤が均衡するよう目指される。それと類比的に、正義は実現が目指されるべき均衡として理解される。正義が均衡であるということを理解するのに格好の例は、罪と罰であろう。犯した罪の重さと科される罰の重さが釣り合うとき、刑罰の正義が成立していると考えられるだろう。だが、ことは罪と罰にかぎられない。誕生日のケーキをどのように切り分けるか。家事の分担をどのように割り振るか。ある人の給料がその人の働きを正当に反映しているか。政府の予算をどの分野にどれだけ支出するか。マグロの漁獲量や二酸化炭素の排出量を各国にどのように振り分けるか……。私たちの日常生活は、均衡が問題となる場面で溢れかえっている。

　これらの場面で焦点となるのは、だれがなにをどれだけ受け取れば（あるいは負担すれば）均衡が成立するのかという問題、つまり各人に割り当てられる利益と負担の正当な取り分の問題である。もし関係者全体が納得する取り分が存在し、それが実現しているな

ら、そこには均衡が、それゆえに正義が実現しているだろう。もし、その取り分が実現していないなら、その状況は正義に悖る。だが、どのような取り分ならば望ましいのだろうか。そもそも、望ましい取り分は存在しうるのだろうか。こうした問題に取り組むのが正義論と呼ばれる分野である。正義論の理解を深めるために、本節でも世界の貧困問題を手掛かりとしよう。

写真1

正義の問題としての貧困　世界の貧困問題はすぐれて正義の問題である。貧困の苦しみはすべての人々に等しく課せられているわけではない。極度の貧困に苦しむ人々が集中している地域のひとつは、サハラ以南のアフリカ大陸である。どの地域に生まれ落ちるかに応じて、栄養状態が、平均寿命が、教育や医療の水準が大きく異なる。あるいは、食料の問題がある。近年、マスメディアの報道などでフード・ロス（food loss）という言葉を耳にするようになった。フード・ロスとは、食料の生産、輸送、貯蔵、加工、販売、消費にいたる過程全体で発生する食料の量的減少のことである（国際連合食糧農業機関編『世界の食料ロスと食料廃棄』稲垣春郎訳、国際農林業協働協会発行、2011年、2頁）。フード・ロスは輸送や貯蔵などの過程では食料の腐敗や破損などによって生じるが、販売や消費の段階では売れ残りや食べ残しによって生じる。日本も例外ではない。朝日新聞（2016年8月28日）の記事によると、食品ごみは家庭系と事業系を合わせて1,676万トンで、そのうち632万トンは食

べることが可能であるのに廃棄されている。世界食糧計画という国連組織が2015年に飢餓者の支援のためにおくった食料は320万トンであるが、日本のフード・ロスはそのほぼ2倍に相当する。これは驚くべき数字である。一国内で廃棄される食料で、世界の食料援助の相当の部分を賄うことができるのである。

　ある人物が地上のどこに生まれるかということは、その人物の生の輪郭に深刻な影響を及ぼす。地理学者ハーム・ドゥ・ブレイが言う「場所の権力（power of place）」が働くのである。貧困は場所の権力の分かりやすい事例である。人が生まれ落ちる場所は、だれがなにをどれだけ受け取るのかということに大きな影響を与えるからである。そして、貧困がそうした分配の問題であるかぎり、均衡の問題、すなわち正義の問題として貧困を理解することが可能になる。貧しさと豊かさが偏在するこの世界は、正義に適った世界だろうか。そのように問うことが可能になる。かくして倫理学は、貧困問題を正義の問題としても捉える。以上、正義を分配と均衡の問題として考えることの意味を確認した。次節では、もう少し一般的な文脈で、分配と均衡という視点から正義についての理解を深めてゆこう。

(2)　正義とはなにか

分配的正義と矯正的正義　正義とはなにか。これは正義の定義を求める問いである。正義の定義は、「各人に各人のものを」（suum cuique）という言葉によって簡略に表現されることがある。この表現は、「各人に各人のものを帰属させること、それが要するに最高

の正義である」(Suum cuique tribuere, ea demum summa justitia est.) という言葉に由来する（田中秀央・落合太郎編『ギリシア・ラテン引用語辞典　新増補版』岩波書店、1963年、757頁）。これは、古代ローマの哲学者キケロ（B. C. 106-B. C. 43）の言葉として伝えられる。各人が相応しい取り分を手にすることを正義とみなす発想は、古代ギリシアの哲学者であるプラトン（B. C. 428/427-B. C. 348/347）やアリストテレス（B. C. 384-B. C. 322）にまで遡ると同時に、今日にも受け継がれる基幹的な発想である。

　「各人には各人のものを」という正義の原則は、二通りの解釈が可能である。まず、どのような基準で各人に対する取り分を与えるのか、その基準を決めた上で、その基準にしたがって各人に正当な取り分を与えるよう命じる原則として解釈することができる。このような原則にしたがって各人に相応しい取り分が与えられたなら、そこには取り分の均衡が成立する。このようにして実現される取り分の均衡を、分配的正義と呼ぶ。もう一つの解釈も可能である。各人には相応しい取り分が帰属するべきだが、なんらかの事情によって、その取り分に過不足が生じることがある。盗みや詐欺といったことによって、ある者は不当に過多に手にし、別の者は不当に過少に受け取ることがある。このような不均衡を是正して、各人が受け取るべき本来的な状況をもう一度作り出すことを矯正的正義と呼ぶ。この節では分配的正義が考察の中心となる。

　なにが正義か　正義とは均衡のことである。これは直前に確認した正義の定義、つまり「正義とはなにか」という問いへの回答であった。それでは、どのような状況であるなら均衡が成立している

と言えるのだろうか。これは「なにが正義か」という問いである。この問い対しては多様な回答がありうる。たとえばアリストテレスは、分配の正しさは幾何学的比例関係にもとづくと述べる（アリストテレス『ニコマコス倫理学』（上）高田三郎訳、岩波文庫、岩波書店、1971年、第5巻・第3章）。つまり、当事者たちに何か（たとえば報償や名誉といったもの）を分配するに際して、その割り当ての分量は、当事者たちの能力、貢献、徳といったものの大きさに比例させるべきだということである。かりに貢献度という基準を用いるなら、Aの貢献分が2、Bの貢献分が3であるとすると、Aの取り分Cはたとえば4、Bの取り分Dはたとえば6である（A:B＝C:D）。

このような分配的正義の基準は有力なものではあるが、それが唯一のものであるわけではない。たとえば、各人に等しく分配する平等主義的な基準もある（たとえば選挙における一人一票制）。最大幸福の実現を目指す功利主義的な基準も考えられる。立場が弱い者たちを優遇するような分配の基準も可能である。場合によっては、出身地、性別、宗教といった個人の性質にしたがった分配を是とする属性主義的な基準も考えられないわけではない。そもそも、そのように特定の原則にしたがった分配パターンを構想すること自体が正義に反するという主張も存在するだろう。このように分配的正義の多様な基準が存在するが、次項では、世界の貧困問題という文脈でしばしば言及されるジョン・ロールズ（1921-2002）の格差原理という基準を紹介することにしよう。

(3) 格差原理の理路

功利主義批判　ロールズは前世紀後半の正義論を牽引したアメリカの代表的な哲学者であり、今日でもその影響は絶えていない。ロールズの正義論にはいくつかの特徴があるが、一つの特徴は、それが功利主義の批判として構想されている点にある。前節で見たように、功利主義には三つの特徴があったが、ここでは総和主義的な分配原則に対するロールズの批判を取り上げる。ロールズによると、功利主義には次のような欠陥がある。幸福の最大化を実現する複数の分配方法があった場合、いずれの分配も幸福を最大化しているので、どれがもっともよい分配であるかを功利主義は決定できないというのである。つぎのような例を考えてみよう。5人のメンバーだけからなる社会があり、5人全体で実現される幸福の最大値が10であるとしよう。幸福の最大値10を実現する分配方法はいくつもあるが、ここでは以下の三つを例示する。（　）内の数値は各メンバーの幸福量を表す。

分配 A = (2, 2, 2, 2, 2)　　分配 B = (1, 2, 2, 2, 3)　　分配 C = (1, 1, 1, 1, 6)

分配 A は、5人全員が等しく幸福量2をもつので平等な分配であろう。分配 B はメンバー間の格差がやや拡大している。分配 C は、右端のメンバーが他のメンバーを圧倒する幸福を手に入れており、格差がきわめて大きい。三つの分配にはそのような違いがあるが、いずれの分配も全体では幸福の最大値10を実現している。はたして功利主義は、分配 A、B、C のうちどの分配が望ましいとす

るのだろうか。ロールズによると、功利主義はそれを決定できない。そうであるなら、分配Cのような極端な格差が存在する分配でも許容されることになる。これに対して、ロールズは、なにが適切な分配であるかを決定する基準を見出そうと模索した。

ロールズの正義の構想　それではロールズが望ましいと考える分配の原則はどのようなものだろうか。一般に、ロールズの分配原則は平等主義的な色合いの濃いものであると言われる。ロールズは『正義論』において、二つ（あるいは三つの）分配原則を提示する。

第一原理　自由の平等の原理
第二原理　公正な機会均等の原理／格差原理

第一原理の「自由の平等の原理」は、他者の自由を侵害しないかぎり、すべての人に自由が等しく分配されるべきである、と命ずる。第二原理は、不平等の発生した場合に、その不平等を許容可能にする条件について指定するもので、二つの原理からなる。公正な機会均等の原理は、職務や地位は原則として全員に開かれているべきであって、つまり不当な差別などがあってはならないと命ずる。機会が公正に開かれている条件下で生じる不平等は是認されるというわけである。格差原理（difference principle）は、たとえ不平等が生じたとしても、その結果として、もっとも悪い境遇の人々の状況が改善されるなら、その不平等を是認するものである。言い方をかえるなら、格差原理は、もっとも悪い境遇の人の状況を改善するような不平等のみを是認せよと命ずる。

格差原理については図2に即して確認しよう。Hは良い境遇の人々の生活水準、Lは悪い境遇の人々の生活水準である。時点tでは格差はH−Lであったが、時点t'では格差はH'−L'に拡大してしまった。しかし、悪い境遇の

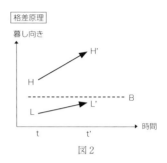

図2

人々の水準はLからL'へと上昇している。このように悪い境遇の人々の状況が改善するなら、このような格差の存在は許容される。このような格差原理にもとづいて社会制度が設計されているなら、その社会制度はもっとも悪い境遇の人々の状況を改善するように機能するものとなる。具体的には、累進課税制のような税制、社会保障のための所得の再分配制度といったことが正当化されることになるだろう。そのような制度があることによって、たとえ格差が発生したとしても、これらの制度を通じて悪い境遇の者たちの状況の改善が図られるからである。

格差原理は、世界規模の貧困問題との関連でとくに重要であろう。なぜなら、格差原理を採用すると、もっとも悪い境遇の人々の状況の改善が期待できるからである。もし社会が格差原理にしたがって設計されているなら、社会に不平等が発生しても、その不平等を通じて、もっとも悪い境遇の人々の状況が改善されるはずである。もし世界規模で格差原理が採用されたなら、世界の貧困者の生活が改善されるかぎりで世界規模の格差が容認される。言い換えれば、先進国の豊かさが許されるのは、貧しい者たちの状況を改善す

るかぎりであることになる。もしそのことが実現しないなら、先進国の豊かさは正義に悖り、道徳的に許容されない。そのような見通しが可能になる。

原初状態と無知のヴェール　しかし、いくつかの分配原則を構想することが可能であるのに、なぜ格差原理が選ばれなければならないのだろうか。この疑問に答えるのが、有名な原初状態に関する思考実験である。原初状態（original position）とは、人々が社会生活を開始する以前の状況を想定した仮想空間のことである。このような仮想空間が想定されるのはなぜだろうか。それは、社会の構成員たちがみずからの所属する社会の基本構造について公正に判断できるようにするためである。そして、そのためには、その判断は社会生活を営むまえになされなければならない。だから、原初状態のような仮想空間が必要とされる。

　こういうことである。人間は利己的な一面をもつから、自身にとって有利となるような原則を採用しようとするかもしれない。ひとたび社会生活が進行してしまうと、人々はみずからの属性を知ってしまうから、その属性に有利な原則を採用しようとするだろう。たとえば、自身の性別が男性であることを知っている者は、男性に有利な原則を採用する、というように。そのような利己的な判断を防ぐためには、各人がみずからの属性を知らない状況を設定すればよい。それは社会生活を開始する前の状況であって、つまりそれが原初状態である。原初状態に関して、ロールズは以下のように説明する。

第 2 節　正義としての倫理

　原初状態という着想は、合意されるどのような原理も正義にかなうよう公正な手続きを設定することをねらっている。その達成目標は、理論の基礎として〈純粋な手続き上の正義〉という概念を用いることにある。人びとを反目させ、自分だけの利益になるように社会的・自然的情況〔circumstance〕を食い物にしようという気を人びとに起こさせる、特定の偶発事の影響力を、何とかして無効にしなければならない。このためにこそ当事者たちは〈無知のヴェール〉の背後に位置づけられている、とここで想定しよう。多種多様な選択候補が各自に特有の状況〔case〕にどのような影響を与えるのかを知らないまま、当事者たちはもっぱら一般的な考慮事項に基づいて諸原理を評価することを余儀なくされる（ジョン・ロールズ『正義論』川本隆史他訳、紀伊國屋書店、2010 年、184-185 頁——〔　〕内の補足は引用者）。

　無知のヴェールがかけられた状態で各人が思考する空間が原初状態である。無知のヴェールによって、各人は自身に関する個別情報をすべて遮断される。つまり、社会的地位や、資産、才能、性格などの情報がわからない状態におかれる。他方、経済法則などの一般的情報は与えられている。原初状態では、こうした無知のヴェールの背後で思考し判断しなければならない。そのような状況で思考する者たちは、格差原理の採択に合意する。なぜだろうか。たしかに、並外れた能力をもち「勝ち組」になる自信のある人物なら、格差の拡大を放置するような原則を選ぶかもしれない。だが、無知のヴェールのもとでは、そのような個別情報は遮断されている。それ

だから、自身がそうした有利な立場にある保証を手に入れることはできない。場合によっては、社会生活をつづけるうちに悪い境遇に陥る可能性さえある。ロールズによると、無知のヴェールのもとにおかれると、人は自身が悪い境遇におかれたとしても納得する分配原則を選ぶ。そして、それはきっと、もっとも境遇の悪い人々の状況を最大限に改善するような分配原則であろう。無知のヴェールをかけられた者たちはこのような理路にしたがって思考し、格差原則を採択することになる。

(4) 格差原理の批判

格差原理のグローバル化　ロールズの格差原理は、もっとも悪い境遇の人々の状況を改善するかぎりで、社会に格差が生じることを許容する。別の言い方をすれば、格差が生じても、そのときかならず、もっとも悪い境遇の人々の状況は改善されていなければならない。だから、格差原理は、世界規模の貧困問題の解決に資する可能性がある。だが、ロールズその人は、格差原理の適用範囲を一国の内部に限定する。ロールズが想定するのは自足した社会、つまり外部との繋がりがない社会であり、この社会の原初状態がロールズの思考の対象となっているのである。それだから、採択される格差原理は、ロールズにあっては一国の内部に限定されたものでしかない。この点をロールズの限界として指摘する論者は多い。ここではチャールズ・ベイツのロールズ批判を紹介したい。

ベイツの批判は、ロールズの理路のうちに存在する齟齬に向けられる。それは、当事者に無知のヴェールがかけられているという想

定と、当事者が自足した社会の内部に存在しているという想定のあいだの齟齬である。もし無知のヴェールが当事者の個別情報を遮断するのだとすれば、その人物がどのような社会に所属するのかという情報もまた遮断されるべきではないだろうか。とすれば、自足しているかいないかにかかわらず、格差原理が採択されるはずである。ところで、私たちの生きている社会は、自足した社会とは程遠いであろう。経済をはじめとして様々な結びつきが成立しているグローバル化した社会に、私たちは住んでいる。そうだとすれば、原初状態で採択された格差原理は、このグローバル化した社会（つまり国境を越えて一つになった社会）にも適用されなければならない。かくして、一国ではなく世界規模で格差原理が適用されなければならない。そのようにベイツは考える（チャールズ・ベイツ『国際秩序と正義』進藤榮一訳、岩波書店、1989年）。

格差原理への批判　ベイツのロールズ批判は、格差原理そのものを受け入れた上で、しかしその適用範囲が限定的であることを批判するものであった。他方で、格差原理そのものに疑義を呈する論者もいる。ここでは、ヘンリー・シューの批判を紹介する（Shue, H., *Basic Rights : Subsistence, Affluence, and U.S. Foreign Policy*, 2nd. ed., Princeton University Press, 1996.）。格差原理は本当に貧困問題の解決に資するのだろうか。それがシューの論点である。シューによると、格差原理は、人々がそれ以下の状態に落ちこむことが許されない基底線を指定するものではない。そのため、悪い境遇の人々がかなり悪しき状況におかれても、そのことが容認されてしまう。シューは次のような喩えを用いている。ロールズの提供し

ているのは、良い境遇の者たちから悪い境遇の者たち（水の中に浸かっていると想定しよう）のところにゆるく垂れ下がるロープである。このロープは、良い境遇の者たちの状況が改善すると、悪い境遇の者たちを少しは引き上げるだろう。だが、だからといって、このロープが悪い境遇の者たちを水面から顔を出せるほどに引き上げるという保証はない。

　この比喩の意味することを理解するために、ふたたび図2を見て欲しい。格差原理にしたがって、L→L'というように、たしかに悪い境遇の者たちの状況は改善した。しかし、L'はかなり低い生活水準であるかもしれない。たとえば、点線Bが最低限の人間らしさが維持できる最低限の生活水準であるとしよう。L'はそれを下回っている。そうだとしても、L→L'という生活水準の改善が実現しているなら、この状況は格差原理によって是認されてしまうのではないだろうか。これがシューの批判である。それゆえに、シューは格差原理ではなく、だれもそれ以下には沈み込んではいけない基底線（図2で言えば点線B）を定めるべきだと主張する。

ノージックによる批判　格差原理は、良い境遇の者たちから悪い境遇の者たちへの財の移転を要請する。このことに対する批判も存在する。リバタリアニズム（自由至上主義あるいは完全自由主義）の一つの源泉と言われるノージックが、そのような批判を展開した（ノージック『アナーキー・国家・ユートピア』嶋津格訳、木鐸社、1996年）。たとえば、たまたま恵まれた才能をもつ人物が、その才能を発揮し、他者に危害を与えたり不正を犯したりすることなく、他者たちよりも多くの資産を手に入れたとしよう。そのとき格差は

発生する。だけれども、なぜ悪い境遇の者を支援するという理由にもとづいて、その人物から資産が取り上げられなければならないのだろうか。その人物は、加害や不正といった悪を一切なしていないのである。格差原理は、こうした無実の者の正当な財を取り上げることを正当化する論理に支えられているのではないか。したがって、格差原理は、正義の原則ではなく、正義を毀損する原則なのではないか。これがノージックによるロールズ批判の核心である。

ノージックの考えでは、財の取得と移転の際に不正が行なわれていなければ、正義が実現している。もしそこで脅しや盗みといった不正が行なわれているなら、それは正されなければならない。しかし、そうでないなら、公正な取得と移転の結果として生じる格差は決して不当なものではない。だから、それを是正する必要もない。もちろん、貧しい者への支援は必要だろうが、それは強制的な再分配にもとづくものであってはならない。繰り返せば、それは正当に手に入れた所有物を強制的に取り上げる不正な行為になってしまうからである。貧困者への支援は、あくまでも一人ひとりの自由な選択に委ねるべきである。ノージックの正義論からは、そのような主張が帰結する。

(5) 終わりに

これまで見てきたように、正義という視点から、世界の貧困問題を考えることができる。食料、資源やエネルギー消費、平均寿命、識字率など、様々な事柄に関して世界規模の偏りが存在している。この分配の偏りを正すことは、まさに分配的正義の課題である。だ

から、世界の貧困問題は単に同情や哀れみの対象としてのみ考えられてはならない。それは正義の問題でもあるからである。そのようなものとして貧困問題を捉えるとき、その解決のための有力な一候補として挙げられるのが、ロールズの格差原理である。なぜなら、格差原理は、もっとも悪い境遇の者たちの状況を改善することを目指すものだからである。だが、この原則には様々な疑問が投げかけられている。そうだとしたら、食料、資源、エネルギーなどは、世界規模でどのように分配されるべきなのだろうか。どのような分配ならこの世界に正義が実現していると言えるのだろうか。かくして、私たちはロールズを経由してロールズが直面した困難な問いのまえに立つことになる。

　この節では、貧困問題を主題として正義の問題を考えてきたわけであるが、いうまでもなく、正義の問題は貧困問題にとどまるものではない。すでに本文中でも触れているが、政府予算、二酸化炭素排出量、労働時間、教育の機会等々、実に様々な事柄が正義の問題となる。それだから、正義という「レンズ」をつけて日常生活を見直してみてはどうだろうか。そのとき、この世界は正義の問題で溢れかえっていることが気づかれるであろう。そして、そのことが気づかれるとき、見慣れていたはずのこの世界の相貌は一変する。この世界は、歪みや軋みによって蝕まれていることが気付かれるであろう。もしそうであるなら、この世界のあり方に無関心でいることはできないであろう。だれがなにをどれだけ手にすべきなのか。この問題は未決である。この正義の問題に、いかなる回答が与えられるだろうか。

問題① 日常生活で遭遇する様々な問題を分配的正義という視点から分析してみよう。また、その問題に対する可能な回答を複数考えてみよう。

問題② ロールズ、シュー、ノージックの分配原則が適用された社会はそれぞれどのような社会だろうか。また、どのような利点と難点があるだろうか。

問題③ 格差原理を地球規模で適用することは可能だろうか。あるいは、それを地球規模で適用するときに、どのような問題が生じるだろうか。

コーヒーブレイク2

肉食は許されるか

　貧困問題について考えを進めてゆくと、なにを食べるべきなのか、という難しい問題にたどり着く。飢えが食料の問題と関係する以上、そのような成り行きは当然のことである。もちろん、必要な場所に食料が届かないのは、まずは分配の問題ではある。しかし同時に、なにを食べるかということも重要な問題である。なぜなら、私たちの食生活を変更することが、飢えの解決に繋がる可能性があるからである。先進国で広く普及している肉食は、カロリーの消費という視点からは大変に非効率であると言われることがある。人間は肉を食べることによって、植物から家畜が取り込むカロリーの10%程度しか消費しないそうである。だから、肉牛が植物から直接に取り込むのと同じカロリーを牛肉からとろうとすると、その10倍の植物が肉牛の餌として必要となる。カロリーのより平等な分配を目指すなら、肉食を避けたほうがよい。そのような主張も成り立つかもしれない。ベジタリアン（菜食主義者）たちは、カロリー以外にも、動物の福祉という視点など様々な理由から肉食を拒否する。このような話題は、倫理学のうちでも食料倫理（food ethics）という分野で盛んに議論されている。食べるという至極当然の行為さえ、倫理的反省の対象となる。いわば、食べることの倫理が問題となる。読者はどのように考えるだろうか。

第3節　責任としての倫理

(1)　責任とはなにか

　本節では責任という概念を取り上げる。もしかしたら、倫理という言葉とくらべると、責任という言葉の方が読者には馴染み深いかもしれない。日常生活においても、「責任をとる」とか「責任を果たす」とかいった言い回しがよく用いられる。倫理学においても、責任という概念は重要な位置を占める。責任は、人間の生をまさに倫理的なものとして成り立たせる根本的な事象である。本節では、責任の基本構造を素描するとともに、責任概念が現代の文脈においてどのように問題化されうるのか、その見取り図を描くことが試みられる。そのための切り口として、本節でも世界の貧困問題について触れる。

　遡及的責任と予見的責任　一口に責任といっても、いくつかの意味がある。そして、私たちは日常生活において、それらの区別をそれほど意識することなく、責任という語を口にしている。それだから、まずは責任の意味を確認しておくことが必要であろう。日常生活において責任という語が用いられるとき、二つの用法があるように思われる。一つの意味の系列は、「xの責任をとる」といった表現で示されるものである。もう一つの意味の系列は、「yとして責任を果たす」といった表現で示されるものである。xに代入されるのは、すでになされてしまった行為や、すでに生じてしまった出来事であろう。たとえば「食品偽装の責任をとる」とか、「選挙で負けた責任をとる」という言い方がなされる。yに代入されるのは、

地位や立場であろう。「社長としての責任を果たす」とか「親としての責任を果たす」とかいった表現がなされる。倫理学では、前者を遡及的責任（retrospective responsibility）、後者を予見的責任（prospective responsibility）と呼ぶことがある（『現代倫理学事典』弘文堂、2006年、「責任」の項）。

　日常的には両者の違いはあまり意識されないかもしれない。だが、なぜある人に当該の責任が帰せられるのか、その仕組みを考えると、両者の違いは明らかである。遡及的責任は、すでに遂行された行為や出来してしまった出来事に対する責任である。それだから、遡及的責任のベクトルは過去に向いている。ある人物が引き起こした行為や出来事は、ときに他者に危害や損害を与える。つまり、ある人物の行為によって、なにかが壊され、なにかが失われることがある。このような欠如を引き起こした人物は、その責任を負わなければならない。このような場合の責任は、この欠如を埋め合わせ償う義務である。

　他方、予見的責任のベクトルは未来に向いている。ある立場にあり、ある役割を担う人物は、その立場や役割に伴う義務を果たさなければならない。とくに、その立場が原因となって悪しき事態が生じてしまわないように配慮しなければならない。いわゆる役割責任のことである。たとえば、ある人物がパイロットという立場にあるなら、その人物は搭乗者たちを目的地まで安全に送り届けなければならない。パイロットには飛行機の操縦という、乗客の生命に関わる特別な権限が託されているからである。パイロットの例にかぎらず、ある人物がある立場や地位についたなら、その人物はその立場

や地位が影響を及ぼす範囲にある他者たちに対して悪しき影響が及ばないよう配慮しなければならない。

　以上のように、責任は、概念上は遡及的責任と予見的責任とに区別することができるが、現実においては、この二つの責任は絡み合っている。ある人物が脇見運転のせいで交通事故を起こしたとしよう。この事故の責任をとって損害賠償をするなら、その責任は遡及的責任である。しかし、この事故が起きてしまったのは、その人物がドライバーとして当然果たすべき役割責任を果たさなかったからである。果たすべき予見的責任を果たさなかったがゆえに生じた結果について、この人物は遡及的責任を負うのである。

　応答可能性　ここで忘れてならないのは、責任が前景化する場面は、職業や役職が問題となる場面に限定されないということである。なにかの職業や地位についていなくとも、他者に危害が及ばないよう配慮する責任を私たちは果たさなければならない。もしこの予見的責任が果たされず、悪しき事態が出来したなら、私たちはそのことについて遡及的責任を負わなければならない。社会的地位や役割を離れてもなお、私たちは責任の網の目のなかにいる。この水準まで思考を深めると、責任という語の成り立ちが思考を触発するものとなる。責任という語は英語では responsibility であるが、これは応答（response）の可能性や能力（ability）という意味で解することもできる。応答可能性としての責任である。悪しき出来事が発生したとき、その出来事を引き起こした人物に対して、「なぜ」という問いかけがなされる。そうした問いかけに応答すること——それは責任の始原的な光景であろう。責任をとることの始まり

は、まずは他者からの問いかけに応答することだからである。問いかけとそれへの応答は、もちろん役割や地位に付随する。だが、それには止まらない。問いかけと応対は、人間と人間のあいだにある根源的な関係である。

　以上、責任概念をめぐる基本的な枠組みを確認した。これまでの論述は、ある意味では責任についての常識的な理解に通ずるものだから、なぜそれが倫理学の話題となるのか疑問に感じるかもしれない。悪しき出来事をもたらした者は、その出来事に責任がある。たしかに、このことは日常生活のなかでは自明な事柄であって、考察すべき論点は残されていないようにも見える。だが、この責任概念を現代の倫理問題に適用するとき、そこには様々な困難が潜んでいることが明らかになる。

(2)　現代社会と責任

責任の拡大　悪しき出来事を引き起こしたなら、それに対する責任を果たさなければならない。これは倫理の根本原則の一つであろう。この原則をここでは責任原則と呼ぶ。さ

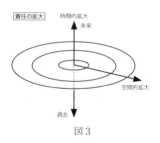

図3

て、責任原則の適用範囲はどこまで拡大できるのだろうか。それがここでの問題である。通常は、責任原則は空間的、時間的に身近な出来事に適用される。たとえば、私が遡及的責任を負うのは、私が直接に危害を加えてしまった他者に対してである。あるいは、私が予見的責任を果たすのは、これから出会うと予想される他者に対し

てである。いずれも、なんらかの形で私が直接に関わる他者が想定されている。だが、責任原則をそのように限定的に理解するだけで十分なのだろうか。責任原則の適用範囲は空間的にも時間的にも拡大されるべきではないだろうか。そのような問いかけが存在する（責任原則の拡大のイメージとしては図3を参照されたい）。

なぜ責任は拡大するのか　なぜそのような問いかけが存在するのだろうか。それは、私たちの生活を取り巻く環境が劇的に変貌しつつあるからである。まずは、科学技術の発展を挙げることができよう。科学技術の発展は、ある出来事が及ぼす影響の範囲を著しく拡大した。記憶に新しいところでは、福島第一原子力発電所の事故がある。科学技術は核分裂の操作による発電を可能にし、そのことによって電化社会の利便性を支えている。しかし、すでに疑いえないように、原子力発電所が制御不可能な状況に陥ったとき、それが及ぼす深刻な影響は広範囲で長期にわたる。

つぎに、地球温暖化問題に代表される地球環境問題がある。地球環境問題は、空間的にも時間的にも責任の範囲が拡大していることを示す端的な事例であろう。地球温暖化は文字通り地球全体にわたる問題であり、またその影響は何世代も先にまで及ぶ。責任原則の拡大が求められるもう一つの背景には、現代社会の様々な領域がグローバル化しているという事態がある。たとえば、経済政策のように、ある地域でなされる決定や行為が、地球規模で影響を及ぼすことがある。まさに経済は文字どおりに世界規模でつながっているのである。地球上のどこかでだれかによってなされた決定や行為が、結果的に地球規模での影響を引き起こす可能性は、かつてとは比較

にならないほどに高まっている。

　責任原則を倫理の基本原則として承認するなら、責任原則の拡大という流れは当然のことであるようにも思われる。なぜなら、ある行為が、時間的、空間的に隔てられた他者に危害を及ぼすのなら、その行為に伴う責任もそうした他者にまで及ばなければならないだろうからである。だが、責任原則を拡大する試みには固有の困難が伴う。なぜなら、責任を問うことができるためには、悪しき出来事を引き起こした人物や集団を特定しえなければならないが、空間的、時間的な隔たりが大きくなればなるほど、またその出来事の発生に関わる者たちの数が膨大なものになり、その者たちの関係が複雑になればなるほど、その特定が困難になるからである。地球温暖化の責任がだれにあるか考えると、この困難を実感することができるのではなかろうか。この困難にもかかわらず、責任原則の適用範囲を拡大しようとする論者たちが存在する。ここでは、世界の貧困問題に関して独自の理論的貢献を行ったトーマス・ポッゲの立論を取り上げ、責任概念の拡大という試みの可能性と困難を確認する。なお、ポッゲの主張はやや複雑な構成であるから概略をあらかじめ示しておく。

　ポッゲの主張
　前提① 　貧困は危害である。
　　　危害の再定義
　　　1　権利侵害としての危害➡貧困は権利侵害である
　　　2　権利の制度的見方　　➡権利侵害的制度の放置は加害

　　　　　　　　　　　的である
前提② 　世界規模の貧困（危害）は先進国の住民によって引き
　　　　　起こされている。
　　根拠
　　　1 　経済的、政治的制度の加害性
　　　2 　不公平な資源消費の加害性
　　　3 　歴史的加害の継続
　結論　先進国の住民には世界の貧困問題解決の責任がある（消極
　　　　的義務の履行）

(3)　貧困問題の責任

ポッゲの消極的義務論　ポッゲの議論を理解するために、あらかじめ用語法について確認しておこう。ある種の通念によると、貧困者への援助は義務を超えた慈善行為と考えられている。援助が慈善なら、もしだれかが援助を行うとしたら、その人物は賞賛されるが、援助をしなかったとしても、その人の評価が下がることはない。これに対して、ポッゲは、貧困問題の解決に取り組むことは慈善ではなく、先進国に住む者が果たすべき義務であると言う。なぜだろうか。その理由を理解するには、最初に、ポッゲがどのような種類の義務を念頭においているのか、そのことを理解しなければならない。

　ポッゲは、世界規模の貧困問題を消極的義務という視点から考える。消極的義務とは、他者への加害を禁じる義務のことである（ちなみに、他者の利益の実現を命ずる義務を積極的義務と呼ぶ）。私

たちは他者に危害を加えないよう行為すべきであって、もし他者に危害を加えた場合には、その補償をしたり賠償をしたりしなければならない。消極的義務の概念は責任概念と並行関係にある。他者に危害を加えないよう行為すべきであるという点では予見的責任と並行しているし、危害を加えたならその補償をすべきという点では遡及的責任と並行している。したがって、ポッゲの消極的義務による援助論は、先進国に住む者たちが貧困問題に関して負う責任を論じているものとして読み直すことができる。

　だが、どうして、世界の貧困問題は消極的義務という視点から理解されなければならないのだろうか。ポッゲによれば、貧困者が貧困状況におかれているという事態そのものが危害であり、この危害は先進国に住む者たちによって作り出されているからである。それだから、先進国の住民は消極的義務に違反している。消極的義務を遵守するためには、先進国の住民は、この危害を予防し、賠償しなければならない。とはいえ、この主張は、私たちの実感から相当にかけ離れているのではないだろうか。私たちは、異国の貧困者から遠く隔てられた場所で生活しているし、そうした貧困者に危害を加えようと試みたことも、そのように考えたことさえもないだろう。それなのに、なぜ先進国の住民が貧困者に危害を加えていると言えるのだろうか。この主張が可能になるためには、二つの事柄が言えなければならない。一つは貧困が危害であるということであり、もう一つは、この貧困が先進国に住む者たちによって引き起こされているということである。順に見てゆく。

　危害としての貧困　通常、危害のわかりやすい例は、他者の身体

を意図的に傷つけることであろう。だが、貧困はそのような意味での危害ではない。ならば、なぜ貧困は危害であると言えるのだろうか。そう言えるためには、危害の概念を再定義する必要が出てくるが、そのためにポッゲは二つの手続きを踏む。一つは、直接な暴行が加えられていなくとも危害が発生していると言えるよう危害概念を改訂することであり、もう一つは、権利の制度的見方を示すことである。

　最初の手続きのために、ポッゲは基準線を設定し、その基準線を満たさない状況を危害と呼ぶよう提案する。ポッゲは、国際的に広く承認されている権利を基準線として用いる。世界人権宣言第25条に記されているような権利、つまり衣食住や基礎的医療を始めとする最低限の生存のための権利である。もし必要最低限の衣食住や医療を手にすることができない人物がいるなら、その人物の権利は侵害されているのであって、だから危害が発生している。たしかに、極度の貧困状態はそうした権利が侵害された状態であるだろう。しかし、その危害が先進国の住民によって引き起こされたと言えるためには、第二の手続きが必要になる。それが権利の制度的見方である。権利の制度的見方によると、ある権利が制度や秩序の不備によって侵害され、その結果として危害が発生しているとき、その制度や秩序を改善せず放置することは、権利侵害という危害の発生に加担することである。たとえば、女性の参政権の剥奪を許しているような制度があるとしよう。この場合、この制度は権利侵害的である。もし男性たちがこの制度を放置し続けるなら、男性たちはこの権利侵害に加担していることになる。

この二つの手続きから、次のように述べることが可能になる。世界の貧困は、最低限の権利を侵害しているがゆえに危害である。もし権利侵害としての危害が制度や秩序の不備によって生み出されているのだとすれば、それらを改善せずにそれを支えている者は、この危害に加担している。つまり、その者は消極的義務に反している。それだから、その者は消極的義務にもとづいて、貧困問題を解決する責任を負う。

グローバルな加害としての貧困　だが、世界規模の貧困問題は、なんらかの制度や秩序によって生み出されているといえるだろうか。そういえると、ポッゲは主張する。

(……) 豊かな国々の市民および政府は —— 意図的であろうとなかろうと —— 深刻かつ広範な貧困を、予見可能で回避可能でありながら、再生産するグローバルな制度的秩序を押しつけている (……) 不遇者たちは、たんに貧しく飢えているのではなく、我々の共通の制度的配置の下で貧しくさせられ飢えさせられているのであり、この制度的配置が不可避的に彼らの人生を形成しているのである（ポッゲ『なぜ遠くの貧しい人への義務があるのか』立岩真也監訳、生活書院、2010 年、309 頁）。

この結論を導くために、ポッゲは三つの根拠を繰り出す。政治的－経済的制度のあり方、資源の利用の公平性、歴史的加害の三つである。これらの三つが、グローバルな秩序を加害的なものにし、世界規模の貧困を生み出している。そして、このような加害的秩序を

支えているかぎりで、先進国の住民には貧困に対する責任が問われることになる。

　第一に、政治的－経済的制度についてである。これは二つの点から見て加害的である。まず、WTOのような経済組織は先進国には有利であるが、世界の貧困層にはその利益が届かないように構造化されているのではないか。つぎに、今日の国際的な政治制度は、貧困問題の解決に熱心ではない腐敗した政府の存続に力を貸している。ある国家が国家として国際的に承認されると、その政府が非民主的で抑圧的であっても、天然資源の売却や外国からの資金借り入れが可能になっており、その資金は貧困の解決ではなく、腐敗した政府の延命に用いられてしまう。また、こうした政府に武器を輸出したり政府関係者に賄賂を提供したりして、その政府に手助けする国家や企業もまた、貧困問題の解決を妨げている。

　第二に、ポッゲによれば、現在のグローバルな経済制度は資源の使用から貧困者を締め出すように構造化されている。先進国の住人たちによる資源やエネルギーの消費は莫大である。他方に、その資源にアクセスできない貧困者が多数いる。このような不均衡を生み出す加害的な経済制度がいまだに維持されている。

　第三に、ポッゲが強調するのは歴史的加害である。今日世界規模で存在している格差は、かつての加害の影響を引きずっている可能性がある。たとえば、今日の貧しい国々は、かつて植民地支配を受けていた国々かもしれず、そうであるなら、それらの国々はスタートラインにおいて不利な状況におかれていた可能性がある。他方、先進国とされる国々は、そうした加害の当事者であったかもしれな

い。そのような過去の加害が現在の格差に影響を及ぼしているのだとすれば、現在もなお存在する格差構造を放置することは、その加害の影響を継続させてしまうことである。

　以上の三つの点から見て、現在のグローバルな制度や構造によって、世界的規模の貧困が生み出されている。その貧困は最低限の生存のための権利が侵害された状態であり、このような危害を生み出す制度や構造を支えている者には、消極的義務にもとづいて、この危害を予防し是正する責任が発生する。

(4)　ポッゲへの批判

　ミラーの批判　本節の課題は、責任原則の適用範囲を拡大することがどのような困難を孕むのか、そのことを確認することであった。そして、そのような拡大の試みの突出した一例として、ポッゲの立論を取り上げたのであった。ポッゲに対する二つの批判を通じて、この困難の一端を確認することにしよう。まず、デイビッド・ミラーによる批判がある（『国際正義とは何か──グローバル化とネーションとしての責任』富沢克他訳、風行社、2011年）。ミラーは、発展途上国で発生している貧困はすべてグローバルな制度によってもたらされたものだろうか、と反問する。グローバルな制度に瑕疵があるとしても、それだけが貧困の理由であるとは考え難いのではないか。むしろ、貧困国それ自体の振る舞いも貧困の原因をなすと考えなければならないのではないか。そのようにミラーは指摘する。このような批判は単純であるが、世界的規模での貧困が多様な変数によって規定されていることを示唆する点で、とても重要

な批判であるように思われる。このことは、責任概念を拡大するという試みにとっても示唆的である。責任を拡大しようとすればするほど、考慮すべき変数も大きくなってゆくだろう。そのとき、悪しき出来事の原因がなんであり、だれに責任があるのか、あるいはだれがどれだけ責任を負うのかという、責任論の基本的な問題に答えを出すことが困難になるかもしれないからである。

責任の分散　つぎに、大規模な出来事になればなるほど、責任の所在が曖昧になるという困難を巧みに利用したポッゲ批判が存在する。スーミン・シェイによる批判である（Shei, Ser-Min, "World Poverty and Moral Responsibility," in Follesdal, A., and Pogge, T. ed., *Real World Justice*, Springer, 2005.）シェイによれば、多数の者たちの振る舞いが複雑に絡みあう出来事に関しては、ある個人がその出来事に関与しているというだけでは、その個人の責任を問うことができない。なぜなら、その個人の影響は微々たるものだからである。その個人が関与しようがしまいが、その出来事は出現するであろう。たとえば選挙がそうである。私が投票した人物が当選したとしよう。しかし、その人物に私が投票しなかったとしてもその人は当選したであろう。その場合、シェイの見解では、私はその当選に関与はしたが貢献はしていないことになる。事態は世界的貧困に関しても同様である。他の多くの人びとの行為によって貧困が成立するのだとすれば、私の行為があってもなくても結果は同じである。それゆえに、私は世界的貧困の出現に貢献していない。シェイはそのような結論を導いている（誤解を避けるために注記すると、シェイは、貧困問題を解決する責任が先進国の富裕者にないと考え

ているわけではない。貧困問題の解決は人類全体の責任である)。

　ここではミラーとシェイによる批判を取り上げたが、それらは、責任原則の範囲が大規模に拡大する場合に直面する困難のありかを示すものである。このような困難ゆえに、責任原則の拡大という試みは放棄されるべきであろうか。それとも責任原則は拡大されなければならないのだろうか。すでに述べたように、私たちが生きるこの世界にあっては、科学技術の発展やグローバル化によって、ローカルな行為がグローバルな影響を引き起こす可能性が高まっている。この事態を背景として、どのように責任概念を構築してゆくべきなのか。このこともまた未決の問題として、倫理学の探究の対象であり続けている。

(5) 終わりに

　通常の責任概念は、ある人物が直接に他者に危害を加えるという場面で問題となる。そうであるがゆえに、だれにどれほどの責任があるのかという問題、つまり帰責の問題は理解するのが比較的容易であろう。他方、世界規模の貧困問題のように、私たちが今まさに直面している倫理問題は、大規模で多くの要因が複雑に絡み合っている。そのような出来事については、だれがどれだけ責任を負うのかという帰責の問題は、回答が難しい問題へと変貌する。しかし、帰責の問題の難しさは、責任の主体が不在であってよいということを意味しないであろう。むしろ、帰責の困難さが含意しているのは、私たちの関係はそれほどまでに複雑に絡み合っており、それだからこそ、この関係の絡み合いに対する感受性を研ぎ澄まさなけれ

ばならない、ということではないだろうか。

　好むと好まざるとにかかわらず、私たちは他者とともに、他者との関係のなかで生きている。生きるということは他者と関わるということである。それは、私たちが避け難く責任のネットワークのなかで生きている、ということを意味する。そして、今日、この責任のネットワークは思いがけない方向に、思いがけないほど遠くにまで広がっている。私たちは、この広大な責任のネットワークのなかで生きており、生きていかなければならない。日常生活においては、その事実が見えにくくなっているかもしれない。だが、見えにくいからこそ、私たちはその事実に敏感であらねばならない。

　私たちは様々な営みによって生きている。食べること、働くこと、会話すること、恋愛すること、研究すること、実験すること、子どもを育むこと、介護すること、政治に関わること等々——それらすべてがこの責任のネットワークのなかで営まれている。それだから、私たちの営みは、多かれ少なかれこのネットワークに影響を与え、その結果、他者たちに影響を与えてしまう。ときに、その影響は予想外の広がりをもつことがある。私たち一人ひとりの営みがこのネットワークにどのような影響を与え、その影響によってだれが苦しむことになるのか。私たちは、そのことを意識して生きてゆかなければならない。一見すると、みずからとは無縁に感じられる事柄が、存外に私たちの生のあり方に深く関わっているかもしれないからである。そのような生き方を模索することのうちに、現代の倫理というものの可能性の一端が懐胎しているのかもしれない。

問題①　読者がこれまで感じた、あるいは問われた責任はどのような種類の責任だっただろうか。

問題②　責任はどこまで拡大できるだろうか。責任を拡大する場合、どのような問題が生じるだろうか。

問題③　ポッゲの援助論を受け入れることは可能だろうか。あるいは、ポッゲの主張に誤謬はないだろうか。

参考文献
第一節
・ジェレミー・ベンサム『道徳および立法の諸原理序説』山下重一訳、『世界の名著49　ベンサム／J・S・ミル』（中公バックス）中央公論新社、1979年、所収
・イマヌエル・カント『プロレゴーメナ・人倫の形而上学の基礎づけ』（中公クラシックス）中央公論新社、2005年
・田中朋弘『文脈としての規範倫理学』ナカニシヤ出版、2012年
・児玉聡『功利主義入門――はじめての倫理学』（ちくま新書）筑摩書房、2012年
・馬渕浩二『貧困の倫理学』（平凡社新書）平凡社、2015年
第二節
・ジョン・ロールズ『正義論』川本隆史他訳、紀伊国屋出版、2010年
・ロバート・ノージック『アナーキー・国家・ユートピア』嶋津格訳、木鐸社、1995年
・マイケル・サンデル『リベラリズムと正義の限界　第二版』菊池理夫訳、勁草書房、2009年
・川本隆史『現代倫理学の冒険』創文社、1995年
・広瀬巌『平等主義の哲学――ロールズから健康の分配まで』齊藤拓訳、勁草書房、2016年
第三節
・ハンス・ヨナス『責任という原理』加藤尚武監訳、東信堂、2010年
・ジョン・フォージ『科学者の責任――哲学的探求』佐藤透他訳、産業図書、2013年
・トーマス・ポッゲ『なぜ遠くの貧しい人への義務があるのか』立岩真也監訳、生活書院、2011年
・大庭健『責任ってなに』（講談社現代新書）講談社、2005年
・新名隆志・林大悟編『エシックス・センス――倫理学の目を開け』ナカニシヤ出版、2013年

執　筆　者　一　覧 (執筆順)

佐　藤　　　透

1961年生まれ。博士（文学）　東北大学大学院国際文化研究科教授
まえがき、第3章担当

音喜多　信　博

1966年生まれ。博士（文学）　岩手大学人文社会科学部准教授
第1章担当

小　林　　　睦

1962年生まれ。博士（文学）　東北学院大学教養学部教授
第2章担当

馬　渕　浩　二

1967年生まれ。博士（文学）　中央学院大学商学部准教授
第4章担当

P 4、P 191 の写真は PIXTA 提供

人間探求 ― 現代人のための4章 ―

平成29年8月3日　初　版
令和2年8月25日　初　版　第2刷

編 著 者	佐　藤　　　透
発 行 者	藤　原　　　直
発 行 所	株式会社金港堂出版部

仙台市青葉区一番町二丁目3-26
電　話（022）397-7682
ＦＡＸ（022）397-7683

印 刷 所　笹氣出版印刷株式会社

©2020　Toru Sato　　　　落丁本、乱丁本はお取りかえいたします。